谨以此书纪念潘序伦先生诞辰 130 周年

| 潘序伦研究文丛 |

潘序伦创新思想研究

王卫星 著

立信会计出版社
LIXIN ACCOUNTING PUBLISHING HOUSE

图书在版编目(CIP)数据

潘序伦创新思想研究/王卫星著. —上海:立信会计出版社,2023.10

(潘序伦研究文丛)

ISBN 978-7-5429-7440-2

Ⅰ.①潘… Ⅱ.①王… Ⅲ.①潘序伦(1893—1985)—会计学—研究 Ⅳ.①F230

中国国家版本馆 CIP 数据核字(2023)第 181951 号

策划编辑	窦瀚修
责任编辑	窦瀚修
美术编辑	娄文洁

潘序伦创新思想研究
PANXULUN CHUANGXIN SIXIANG YANJIU

出版发行	立信会计出版社			
地　　址	上海市中山西路 2230 号	邮政编码	200235
电　　话	(021)64411389	传　　真	(021)64411325
网　　址	www.lixinaph.com	电子邮箱	lixinaph2019@126.com
网上书店	http://lixin.jd.com		http://lxkjcbs.tmall.com
经　　销	各地新华书店		
印　　刷	常熟市人民印刷有限公司		
开　　本	710 毫米×960 毫米	1/16	
印　　张	17.25	插　　页	6
字　　数	188 千字		
版　　次	2023 年 10 月第 1 版		
印　　次	2023 年 10 月第 1 次		
书　　号	ISBN 978-7-5429-7440-2/F		
定　　价	88.00 元		

如有印订差错,请与本社联系调换

　　王卫星，博士，教授，常州大学原副校长。国家一流专业建设点、江苏省特色专业和江苏省品牌专业会计学专业带头人，主要研究方向为企业财务管理。发表学术论文100多篇；出版专著和教材9部；主持国家社科基金重点项目及省部级课题9项；获省级以上奖励7项。担任中国会计学会高等院校工科分会常务理事、江苏省教育会计学会常务理事、江苏省教育会计学会苏南分会会长。

序言

潘序伦先生是中国现代会计的奠基人。他一生为会计事业奋斗了60多个春秋，创建了立信会计师事务所、立信会计学校和立信会计图书用品社"三位一体"的立信会计事业，成就辉煌，不仅在中国会计史上留下一幅浓墨重彩的画卷，也成为世界会计发展史上的一个典范人物。

作为中国会计史学者，看到现在新中国的会计学繁荣昌盛，人才辈出，在深感欣慰的同时，也更加怀念潘老，感念先贤在艰苦卓绝的年代，栉风沐雨、筚路蓝缕，用尽毕生精力开创了中国近代会计事业，为中国近代会计事业的高质量发展奠定了坚实的基础。

1927年，潘序伦先生在上海创办了潘序伦会计师事务所（后取《论语》中"民无信不立"之意，更名为立信会计师事务所），将"信以立志，信以守身，信以处事，信以待人，毋忘'立信'，当必有成"作为办理各项会计业务的信条。立信会计师事务所建立后，10年间就承接了企业查账、清算与代办登记、纳税等业务 4 600 多项，其后更为数以千计的企业、机关、团体等单位办理了数以万计的会计审计业务。

潘序伦先生担任会计师的职业经历，使他更深刻地体会到中国会计人才的匮乏。先生忧国忧民，以培养社会急需的会计人才、促进民族工商业发展为己任。1927 年，先生设立了簿记训练班，以在私营工商企业工作的青年小职员和练习生为对象，利用立信会计师事务所晚上空闲时间上课，由先生和事务所工作人员担任教师。1928 年春，先生借助立信会计师事务所的力量，创办了立信会计补习学校，而后采用函授学校、日校、夜校、晨班、星期日班、暑期班等多种形式培养学生。1937 年春，潘序伦先生带头捐献 6 万元并多方筹资建立了立信会计专科学校，开始培养高级会计人才。立信会计学校为中国经济发展培养了大批实用会计人才，到 1948 年，毕业生总数达 10 万人以上。新中国成立后，立信会计教育事业发展更快，1951 年立信会计学校各类在校学生达 22 000 余人。

为了满足培训会计人才对教材的需求，潘序伦先生依然依靠立信会计师事务所的力量，专设编辑科，组织编译出版了会计、审计等书籍。潘序伦先生创办的立信会计图书用品社，出版了一系列优秀的会计教材、专著、译著和工具书等，印发数量达百万册，成为中华会计理论和会计文化的瑰宝。

潘序伦先生不仅创立了传承近百年的立信会计事业，而且打造了以诚信、奋斗、创新为内涵的立信精神，在中国会计发展史上树立了一座光辉的"立信"丰碑。

在科技与信息技术飞速发展的社会,技术革命和产业变革带来了经济发展和社会的重构,也为会计事业带来了前所未有的挑战。对会计理论研究者和实务工作者而言,面对传统会计向现代会计的转型,树立创新意识、发展创新个性、具备创新能力和掌握创新方法,成为改革的必然。潘序伦先生一生历经了抗战时期上海沦陷和流离颠沛的重重磨难,但他能在艰难困苦的岁月里取得巨大的成就,不仅在于他坚持实业救国、教育救国的信念和以服务国家与社会发展为己任的家国情怀,更在于他持之以恒地在会计领域研究新思想、追求新理论、探索新道路,百折不挠地沿着立信会计事业的目标将各种理想付诸实践。

创新是产生新思想和行为的源泉。潘序伦先生的一生,是创新的一生。他开创和发展立信会计事业的过程,从本质上考察,是一个持续创新的过程。今天我们怀念潘老,要研究他的创新思想,继承他守正创新的传统,学习他不断创新的精神。

潘序伦先生在会计事业中不断创新发展有着强劲的内在动力。1924年先生在美国完成学业后毅然回到祖国,投入"实业救国""教育救国"之中。当看到国家和民族工商业发展亟需新式会计服务和新式会计人才时,他便辞去报酬优厚的大学教职,投入创办"三位一体"的立信会计事业之中,通过创办会计师事务所服务工商业发展、兴办学校培养有用人才服务社会,为祖国的发展和富强贡献力量;锲而不舍的性格和坚忍不拔的毅力是潘老坚持创新的本源。在开创和发展立信会计事业过程中，潘老遭遇无数困难，但他找准目标，锲而不舍地勇往直前。正如他自己所说，"我教的是会计的书，写的是会计的文，做的是会计的事，任的是会计的职，总算始终在一条路上进行，对于原定的计划，未曾改变"；深厚的文学功底、扎实的会计学理论、广博的经济学知识、学贯中西的深厚素养，是潘老得天独厚的创新根底；密切结合社会现实需要的务实精神和战胜会计事业进程中遇到的各种困难的能力，是潘老事业创新发展的坚实基础；高尚的品质和朴实的精神促进了潘老会计事业创新发展。

潘序伦先生的会计诚信思想是其立信思想的核心。他认为，从事会计工作，首先要取信于社会，因而他将创办的会计师事务所、会计学校和会计图书用品社皆以"立信"命名。潘老的会计诚信思想一方面将中华传统文化的精髓——"信义"引入新式会计发展之中，另一方面又将西方的契约文明引进到中国会计中来，并将诚信思想具体转化为会计职业道德，贯穿到会计职业教育的全过程，并且深化到对会计执业者的具体要求之中。

20 世纪 30 年代曾经爆发了一场影响很大的中式会计改革运动，以潘序伦为代表的改革方和以徐永祚为代表的改良方在这场会计运动中最具代表性。在这场会计改革运动中，潘序伦先生系统阐明了他的会计改革思想和会计理论，对新式会计体系进行了完整设计，并通过"三位一体"的立信会计模式有效地推进了新式会计在工商界的应用。潘老是中国近代会计改革的先锋，他的会计改革思想和实践对我国的会计事业发展产生了极其深刻的影响。

潘序伦先生还是中国会计教育思想的先行者。他坚持理论与实务相结合、求实与创新相结合，育人与职业相沟通，成为中国会计教育发展的拓荒者和引领者。潘老将西方先进的会计教育理论及方法引入中国，以培养人才为教育宗旨，以诚信作为立信的教育原则，以执业优异为培养目标，建立系统严格的办学制度，探索多样化的教育方式，开展务实性的会计专业训练。先生借助"三位一体"的立信会计事业平台，全方位整合资源，探索出"产学研"相结合的会计人才培养模式。

潘序伦先生开创的立信会计出版事业以服务社会为目标，以树立立信品牌为宗旨，以优化专业系列出版丛书为主攻方向，以传播会计学术研究成果、普及现代会计知识为落脚点，着重打造会计精品图书和优秀刊物，传承中华民族优秀传统会计文化和推进我国现代会计向前发展。"立信会计丛书"是潘序伦先生从事编撰与编译出版工作的系列代表性成果。该丛书先后收入各种会计书籍200余种，其中潘老本人的著作（译著）有50多部。潘老还出版发行了《立信会计季刊》《立信会计月报》等多种会计期刊，为组织与引领我国当时的会计学术与会计审计业务交流，发挥了积极的推动作用，也为研究中国近代会计史与经济史提供了不可或缺的史料。潘序伦先生组织编辑出版的立信会计系列教材在当时被全国各地的学校普遍采用；编辑发行的立信会计系列期刊广泛传播；"立信会计丛书""立信财经丛书"几十年来畅销不衰，使独具特色的"立信"品牌深入人心，影响深远。

潘序伦先生的一生，是为了改变当时中国会计落后现状而殚精竭虑、艰苦创业、不断创新的一生。他创立的"三位一体"的立信会计事业，体现新思想的运行。先生以理论为指导，从实践变革入手，引领立信会计事业不断朝着新的方向前行，并实现有效的量和质的转变。他深刻理解会计学的本质和中国经济发展的现实需要，通过不断破旧立新和改革旧式簿记而获得新发展、新成果，推动中国会计走上了一条科学化、制度化、系统化的发展道路。

王卫星教授所著《潘序伦创新思想研究》一书，从创新视角研究了潘序伦先生的思想与创新会计事业，有新意，也很有意义。该书比较系统和全面地研究了潘序伦思想的创新性，从探寻其创新思想的基础入手，通过认真查阅和细致分析不同时期的相关文献，从诚信思想、会计革新、审计理论、会计教育思想、出版思想等多方面，研究潘老丰富思想宝库中所蕴含的开拓创新理论。无论是研究视角，还是结构布局、研究方法以及对潘老创新思想特征的总结，都有其独到之处，读后感觉颇有收获，所以特作此序向会计界同行推荐此书。

我青年时期曾有幸与大师结识。在研究会计史之初，我曾专程去拜访潘序伦先生，请教会计史学方面的问题。潘老不以一个初出茅庐之人的冒昧造访而见忤,而给予最诚挚的关爱和支持,并对我的会计史研究给予了充分的肯定和鼓励。1982年,潘老得知所著《中国会计史稿》上册由中国财政经济出版社正式出版,十分欣慰,亲自撰写书评给予了很高的评价。他说该史稿的出版"为我国史学园地填补了一项空白点",称赞它是"史学园地里的一朵新葩"。潘老的关心和认可极大地激励我坚持研究和系统撰写中国会计史的信心。下面这张照片是1980年我拜访潘老时在他家院子里的合影。

1980年潘序伦先生与郭道扬教授合影

潘序伦先生是中国会计界的领军者，他一生著述等身，引领一代又一代会计人深入研究会计理论、探索会计实务、实施会计改革、推动会计创新。在纪念他诞辰130周年之际，追忆潘老为中国会计事业所作的贡献，写下这篇序言，也寄托了我对潘老的思念和沉痛哀悼！

2023 年 9 月 28 日

目 录

第一章　潘序伦创新思想基础 ……… 1
　　一、求学之旅 ……… 2
　　二、辉煌成就 ……… 13
　　三、创新基础 ……… 20

第二章　潘序伦会计诚信思想与创新 ……… 47
　　一、会计诚信思想产生的基础 ……… 49
　　二、会计诚信思想的内涵 ……… 57
　　三、会计职业道德 ……… 60
　　四、治理假账 ……… 71
　　五、会计诚信思想的创新特征 ……… 78

第三章　潘序伦会计改革思想与创新 ……… 81
　　一、两种会计变革思想大讨论产生的背景 ……… 83

二、徐永祚中式簿记改良思想 ········ 85
三、潘序伦会计改革思想 ········ 86
四、会计改革实践活动 ········ 92
五、会计改革的创新特征 ········ 105

第四章　潘序伦审计思想与创新 ········ 107
一、审计思想产生的基础 ········ 108
二、审计理论体系 ········ 113
三、会计审计制度建设与审计实践 ········ 122
四、审计思想的创新特征 ········ 131

第五章　潘序伦会计教育思想与创新 ········ 135
一、会计教育思想产生的基础 ········ 137
二、会计教育思想的内涵 ········ 142
三、立信会计学校的办学实践 ········ 161
四、会计教育思想与实践的创新特征 ········ 173

第六章　潘序伦出版思想与创新 ········ 177
一、出版思想产生的基础 ········ 181
二、出版思想与"立信会计丛书" ········ 186
三、立信会计图书出版 ········ 203

四、立信会计系列期刊 ⋯⋯ 207
　　五、出版思想与出版事业的创新特征 ⋯⋯ 219

第七章　潘序伦创新思想的理论贡献和当代价值 ⋯⋯ 225
　　一、理论贡献 ⋯⋯ 227
　　二、当代价值 ⋯⋯ 232

后记 ⋯⋯ 241

附录　潘序伦著作（译著）、论文和文章汇总 ⋯⋯ 245
　　（一）著作（译著）⋯⋯ 246
　　（二）论文及其他文章 ⋯⋯ 249

第一章

潘序伦
创新思想基础

一、求 学 之 旅

潘序伦先生是江苏省宜兴市丁蜀镇人，生于1893年7月14日，故于1985年11月8日。他是中国杰出的会计专家、教育家、思想家和出版家，推广应用新式簿记、现代会计事业的创始人，"中国现代会计之父"。

潘序伦少年时代接受的是私塾教育，初时主要学习四书五经等传统文化，后来受到康、梁维新变法的影响，开始学习数学、物理、化学以及中外历史、地理等课程。少年时代的潘序伦已显示出聪明好学的特质，在兄长的帮助支持下，开始接触许多新知识。他13岁时进入宜兴县东南八乡大家族所办的东坡高等小学读书。该学校建立于特殊的年代，其教育制度和管理方式也比较特殊，既保留许多旧科举私塾的痕迹，也有新式学校特征；课程既保留着四书、五经、史记等古典文学，也开设英文、日文、数学、中外史地、体操、音乐等新课程。

第一章　潘序伦创新思想基础

潘序伦小学毕业后先报考了常州府中学堂（图1-1）。① 该校创办于1907年11月15日，1927年更名为江苏省立常州中学（图1-2）；后来几经更名，1954年暑期初中部停办，定名为江苏省常州高级中学，简称"省常中"，沿用至今。

图1-1　江苏省立常州中学（原常州府中学堂）校门

① 本史料信息来自江苏省常州市高级中学原校史馆馆长张浩典等编写的《江苏省常州中学百年校史（1907—2007）》。1907年11月3日，常州府中学堂举行第一次招生考试，考试科目为国文、算术、历史、地理，一日而毕。当时常州府下辖八县各县均送考生30名，共计240名。潘序伦名列宜兴第二名。潘序伦被常州府中学堂录取一事在其他公开发表资料中未发现，由于抗战时期学校校舍几乎全部毁损，第一届学生录取名单也没有查阅到。他在常州府中学堂读的"一头一尾"情况是该校校史馆前馆长张浩典在20世纪80年代走访潘序伦先生时潘老自己回忆时谈到的。

图1-2 江苏省常州高级中学西门夜景（照片来自江苏省常州高级中学校园网）

当时常州府下辖武进、阳湖、宜兴、荆溪、无锡、金匮、江阴、靖江八县，1907年11月该校首次招生时，每县选送考生30名，潘序伦考试名列宜兴县第二，被学校录取。入学时，却发生了变故：学校为破除学生的地域观念，特意将不同县籍的学生安排在同一宿舍。但是，包括潘序伦在内的宜兴籍学生十多人不顾学校的规定，私自将宿舍铺位移动，住在同一宿舍。校方对此表示不同意，令学生搬回原宿舍，这些学生坚持自己的做法，与校方发生矛盾。学校为严肃纪律，将这些学生除名。潘序伦因宿舍铺位问题离开了常州中学。20 世纪 80 年代江苏省常州高级中学的校史馆馆长张浩典等人到上海看望并采访潘序伦先生，他说："我在常州中学，只念了一头一尾"。在谈到"一头"这件事时，潘序伦跟母校的工作人员说，"那时小，不懂事"。1908 年潘序伦考入上海浦东中学（图 1-3）。该学校是上海最早建立的一所完全中学，黄炎

图 1-3 上海浦东中学校门

培先生担任该校首任校长。担任校长期间，黄炎培先生亲自担任修身课教师，深得学生们的爱戴。潘序伦聪明好学，他与黄炎培结下了深厚的师生情谊。潘序伦在学校时各科学习成绩优异，所写文章经常被登在校刊上，颇得老师们的青睐。他在回忆录中写道："那时我十五岁，自恃各科成绩优异，经常考得第一名，就骄傲自满起来"。临近毕业时，潘序伦因卷入学生抗议一位教师批分较严而发生的"交白卷"风潮被学校开除了学籍。

1911年秋，潘序伦重新转到常州府中学堂就读。不久，中华民国建立，中学学制改变，由原来的五年制改为四年制，规定凡读满四年经考试合格，即可毕业。1912年4月常州府中学堂举行第一次毕业考试，潘序伦顺利通过考试，取得了毕业证书，成为常州府中学堂首届毕业生。在常州府中学堂（首届）第一班毕业生名册上可以查到潘序伦的名字（图1-4、图1-5）。

潘序伦中学毕业之后走了一些弯路。那时正值共和民主国体初创时期，他看到全国各地都需要法政人才，就报考了当时的南京法政大学，却没想到这是一所几位政客操持的私立大学，因不符合创办大学条件很快被主管部门勒令停办，潘序伦也因此失学。之后他又考入南京海军军官学校无线电收发专业，在学校只学习简单的电磁知识和练习收发无线电报，毕业后被派到一艘军舰上任无线电发报员。这种工作不符合潘序伦的职业愿望与规划，他退还了学校的培养费等两千多银元，离开了船

图 1-4 常州府中学堂校友会会员录封面

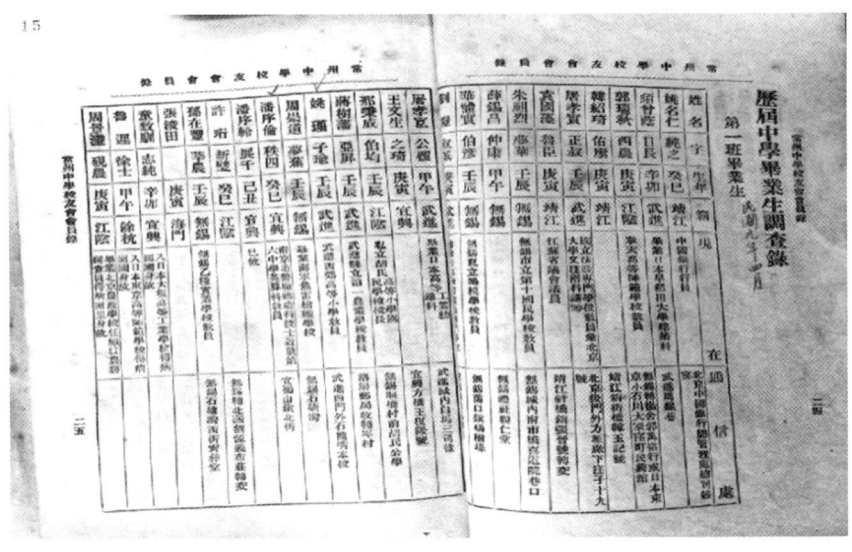

图 1-5 常州府中学堂（首届）第一班毕业生名册

舰，脱离了军籍。之后，他的求职经历起起伏伏，一直不太顺利。潘序伦在回忆录中写道："这一时期蹉跎了青年时代的宝贵光阴。"

1919年，潘序伦受同乡的启发，萌生了到国外"勤工俭学"的愿望。但是他当时的自身条件达不到出国留学的要求，于是他找到在浦东中学读书时的恩师黄炎培先生，请黄先生给予入学指导。黄炎培十分支持潘序伦的求学志愿，写推荐信介绍他到上海圣约翰大学去补习功课。1919年潘序伦踏入上海圣约翰大学校门，成为一名旁听生。在学习过程中，他深感自己基础薄弱，英语会话能力几乎为零，但是他知耻而后勇，发愤图强，埋头苦读。鉴于他学习上的刻苦努力以及以前的学业与职业经历，该校经济系主任雷曼承诺：若潘序伦期末大考各科成绩都能达到70分以上，就可以转为大学四年级的正式生。进校后第一学期考试，潘序伦取得了全班前二的全优成绩，终于破格成为圣约翰大学的正式学生。此后潘序伦更加勤学苦读。1921年毕业季，他各科成绩均为全班之冠，还在学校举办的英文作文比赛中拔得头筹，获得金奖，以优异的成绩完成学业并取得文学学士学位（图1-6）。

1921年夏，潘序伦从上海《申报》《新闻报》上看到南洋兄弟烟草公司选送留学生，提供留学费用资助，于是向上海圣约翰大学申请

图1-6 1921年潘序伦在上海圣约翰大学获文学学士学位

保送，并在考试中获得该校保送生的榜首（正取十名中的第一名），被保送到美国哈佛大学留学。图 1-7 是当年《申报》的报道。

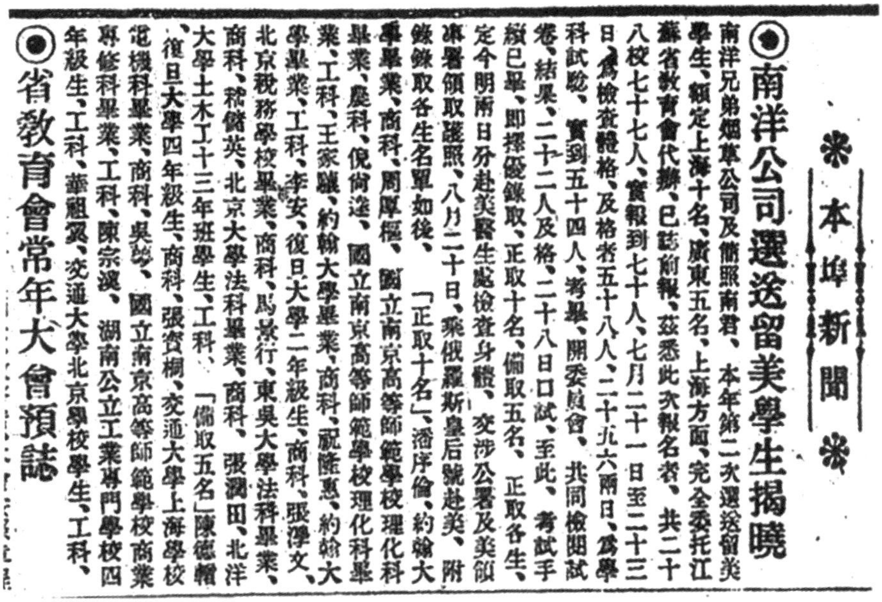
本埠新聞

南洋公司選送留美學生揭曉

南洋兄弟烟草公司及簡照南君、本年第二次選送留美學生、額定上海十名、廣東五名、上海方面、完全委托江蘇省教育會代辦、已誌前報、茲悉此次報名者、共二十八校七十七人、實報到七十人、七月二十一日至二十三日、爲檢査體格、及格者五十八人、二十五六兩日、爲學科試驗、實到五十四人、考畢、開委員會、共同檢閱試卷、結果、二十二人及格、二十八日口試、至此、考試手續已畢、即擇優錄取、正取十名、備取五名、正取各生、定今明兩日分赴美醫生處檢査身體、交涉公署及美領事署領取護照、八月二十日、乘俄羅斯皇后號赴美、附錄錄取各生名單如後、「正取十名」、潘序倫、約翰大學畢業、商科、周厚樞、國立南京高等師範學校理化科畢業、農科、倪尚達、國立南京高等師範學校理化科畢業、工科、王家驥、約翰大學畢業、商科、祝隆惠、約翰大學畢業、工科、李安、復旦大學二年級生、商科、張淨文、北京稅務學校畢業、商科、馬景行、東吳大學法科畢業、商科、秘儲英、北京大學法科畢業、商科、張潤田、北洋大學土木工十三年班學生、工科、「備取五名」陳德輔、復旦大學四年級生、商科、張資桐、交通大學上海學校電機科畢業、商科、吳燊、國立南京高等師範學校商業專修科畢業、工科、陳宗漢、湖南公立工業專門學校四年級生、工科、華翹冕、交通大學北京學校學生、工科、

省教育會常年大會預誌

图 1-7　1921 年 7 月 29 日《申报》本埠新闻：南洋公司选送留美学生揭晓

《南洋公司选送留美学生揭晓》原文①

南洋兄弟烟草公司及简照南君，本年第二次选送留美学生，额定上

① 本部分资料由上海立信会计金融学院宋小明先生和郑鑫尧先生提供。

海十名，广东五名。上海方面完全委托江苏省教育会代办，已志前报。兹悉此次报名者共二十八校，七十七人，实报到七十人，七月二十一日至二十三日为检查体格，及格者五十八人。二十五、二十六两日为学科试验，实到五十四人。考毕，开委员会，共同检阅试卷，结果二十二人及格。二十八日口试，至此考试手续已毕。即择优录取正取十名，备取五名。正取各生定今明两日分赴美医生处检查身体，交涉公署及美领事署领取护照，八月二十日乘俄罗斯皇后号赴美。附录录取各生名单如后：

正取十名：

潘序伦，圣约翰大学毕业，商科

周厚枢，国立南京高等师范学校理化科毕业，农科

倪尚达，国立南京高等师范学校理化科毕业，工科

王家骧，圣约翰大学毕业，商科

祝隆惠，圣约翰大学毕业，工科

李安，复旦大学二年级生，商科

张汉文，北京税务学校毕业，商科

马景行，东吴大学法科毕业，商科

嵇储英，北京大学法科毕业，商科

张润田，北洋大学土木工十三年班学生，工科

备取五名：

陈德辖，复旦大学四年级生，商科

张宝桐，交通大学上海学校电机科毕业，商科

吴萼，国立南京高等师范学校商业专修科毕业，工科

陈宗汉，湖南公立工业专门学校四年级生，工科

华祖翼，交通大学北京学校学生，工科

到哈佛大学学习后，潘序伦分析了自己的学业基础和南洋兄弟烟草公司的要求，决定选读商科。而当时赴美留学学习商科的绝大多数中国留学生选取了银行货币学作为修读专业，潘序伦采取"人弃我取"的方针，选定会计作为自己的职业目标。在哈佛大学读书期间，他以惊人的毅力，"日以继夜地勤学苦读，星期日和假期也不休息，放弃了一切游览娱乐"[①]。苦读两年后，他取得了该校工商管理硕士学位（MBA）。随后潘序伦又到哥伦比亚大学政治经济学院攻读博士学位，每天从图书馆早晨开馆到晚上闭馆，"带上几块硬面包充饥"，整天泡在图书馆，饱览英、美、德、奥各学派的经济书籍。毕业论文选定"中美贸易论"为题，撰写的论文被主任教授评价为"旁征博引"，通过毕业论文答辩，被哥伦比亚大学授予政治经济学博士学位。图1-8为潘序伦获哈佛大学企业管理硕士学位的证书[②]，图1-9为潘序伦的英文版博士论文——

---

① 潘序伦.潘序伦回忆录[M].北京:中国财政经济出版社,1986:21.

② 图片由上海立信会计金融学院文博中心副主任李政老师提供。

《中美贸易论》(*The Trade of the United States with China*),该博士论文于1924年由中国贸易局公司(纽约)(China Trade Bureau, Inc., New York)出版发行。

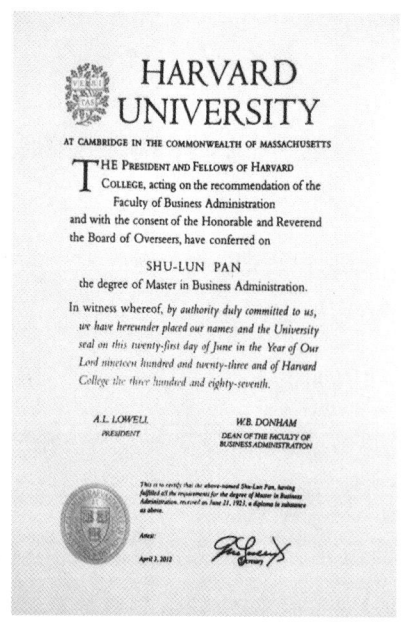

图1-8 潘序伦获哈佛大学工商管理硕士学位证书

图1-9 潘序伦的博士论文(英文版)

潘序伦在四年时间里连续完成本、硕、博三级跳,破茧重生,实现了人生的彻底蜕变,从一个蹉跎岁月的少时"顽子",变成了勤学苦读的世界名校研究生,最终成长为博学的会计学家。"而立之年的潘序伦用一年心血完成的这部英文论著,具有极其重要的意义。对于中国学界,它意味着中国现代史上又一个重要人物、中国现代会计的开拓者和领航者","将用自己扎实的学术,非凡的见识,肩负起引领中国会计现代化发展的重任。对潘序伦个人而言,则意味着一个全新的开启"①。

二、辉煌成就

1924年秋,潘序伦学成归国,开启了他一生孜孜以求的会计师事务所、会计学校和会计图书用品社"三位一体"的立信会计事业。

设立立信会计师事务所。面对当时国内民族工商业的发展和极其缺乏新式会计人才的现状,潘序伦先生感觉时不我待,"恨不得插上三头六臂",艰苦创业,立志改变中国会计的落后局面。② 1927年1月,潘序伦在上海创立了"潘序伦会计师事务所",开始承接企业的查账、清算与代办登记、纳税等会计业务,服务新兴的民族工商业和中外合办企业、公营工商企业及人民慈善团体等。他认为,要开展会计业务,就要取信于社会,因此将建立信用作为事务所的第一主旨,并取《论语》中

---

① 由宋小明老师和郑鑫尧老师提供资料。
② 黄宗英.序三[M]//罗银胜.中国现代会计之父——潘序伦传.上海:立信会计出版社,2017:2.

"民无信不立"之意,于次年将潘序伦会计师事务所更名为"立信会计师事务所",将"信以立志,信以守身,信以处事,信以待人,毋忘'立信',当必有成"作为办理各项会计业务的信条。潘先生的立信会计师事务所在承接业务的过程中,讲信誉、讲公道,且办理的业务案件效率高、质量好,客户接踵而至,名声大振。立信会计师事务所开办后的十年间,承接各类业务案件4 000多项,成为当时全国规模最大的会计师事务所。从1939年开始,他委派自己的学生先后在桂林、重庆、南京、广州、天津等地设立立信会计师事务所分所,"潘序伦已成为当时中国会计界的巨擘名宿"[①]。

创办立信会计学校。回国后的职业经历,使潘序伦深深体会到中国会计人才的匮乏,因此,在设立会计师事务所不久,他开始着手筹划会计职业教育,创办立信会计学校(图1-10)。1928年春,潘序伦正式创办立信会计补习学校,为青年普及会计知识,而后采用函授学校、日校、夜校、晨班、星期日班、暑期班等各种形式培育会计人才;后来又在重庆、北碚、桂林、广州、南京、兰州、天津等地开办各级分校。1937年春,潘序伦筹集17万元法币(其中潘序伦捐出6万元法币)创办立信会计专科学校,开展学历教育以培养高级会计人才。据不完全统计,到1948年,立信会计学校毕业生总数达10万人以上,为社会输送了大量新

---

① 罗银胜.中国现代会计之父——潘序伦传[M].上海:立信会计出版社,2017:26-29.

式会计人才。

图 1-10　立信会计学校原址（上海市河南路吉祥里 18 号）

新中国成立后立信会计教育事业发展更快，1951 年学校各类学生（包括函授生）在校生达到 22 000 余人。立信会计学校由一个几十人的训练班，逐步发展到学生人数数以万计的学校；由一个从借用会计师事务所半间房屋的训练班，办成在全国各地有几十座大楼的学校，这可以说是从小到大、蓬勃发展。

成立立信会计图书用品社。为了满足培训会计人才的教材之需，潘序伦借助于会计师事务所的力量，专门设立编辑科，组织编撰编译会计、审计等书籍，通过商务印书馆出版了"立信会计丛书"。抗日战争爆发后，潘序伦从上海到重庆继续推进立信会计事业。为了克服当时遇到的图书出版困难，1941年6月，潘序伦与邹韬奋主持的生活书店在重庆集资成立了"立信会计图书用品社"，出版发行"立信会计丛书"并印制账簿表单。抗战期间，国内绝大多数的大专院校、中专学校和培训学校采用"立信会计丛书"作为教材。1945年立信会计图书用品社迁至上海，业务发展更快，并兴办了印刷厂，在南京、天津、广州等地增设了分社。立信会计图书用品社特约经销处遍及全国各大城市，并向港澳地区和东南亚一带推销书籍。"立信会计丛书"先后遴选各种会计书籍200余种，其中潘先生翻译和主编的书籍有40多部。潘序伦曾说过："如果说我对我国会计学术有所贡献的话，当以编辑出版立信会计丛书为最。"

立信会计事业源远流长。潘序伦为会计事业奋斗的一生颇为艰辛和曲折。20世纪50年代，在当时极"左"思潮影响下，他受到了不公正的批判和处理，"反右"斗争中被错划成"右派分子"；"文化大革命"期间也受到冲击。党的十一届三中全会召开后，春回大地，他的错划得到改正。潘序伦看到中国经济蓬勃发展，各项事业蒸蒸日上，精神焕发。面对祖国热火朝天的"四化建设"，会计人员却数量不足，青黄不接，他老骥伏枥，壮心不已，为我国新时期会计事业发展殚精竭虑，奔走呼吁。从1978年开始，潘序伦积极展开复办立信会计学校的工作。1980年8月，潘序伦、马一行、顾树桢等11位社会经济界著名人士倡议复办立信。1979年，在潘序伦的大力支持下，成立了全国第一个会计学会——上海市会计学会。创立了新中国第一家会计师事务所——上海公正会计师事务所；重建了立信会计编译所，编译出版了"新编立信会计丛书""立信财经丛书"。

1980年10月20日，上海市政府发文批复同意复办立信会计专科学校，当年招收新生360名。图1-11为名誉校长潘序伦在临时校舍育才中学门口与部分申请复校的倡议人合影。1980年12月7日，立信会计专科学校在沪第十六届毕业生聚会纪念毕业三十周年，会上潘序伦先生十分高兴地告诉大家立信会计专科学校被批准复校，兴奋之情溢于言表，反映了潘老对立信会计教育事业的一片深情。在立信会计专科学校复校的同时，无锡、南京、北京、天津、重庆、昆明、南宁等多地复办或开办了立信会计学校，培养了大量会计人才，为当时的地方经济作出了贡献。随着我国教育事业的快速发展，会计人才需求发生了较大变化，上海以外的立信会计学校有的发展成高职或中职院校，有的与其他学校合并办学，也有部分立信会计学校停办。

随着我国高等教育改革的不断深化，立信会计学校办学水平也不断提升。2003年立信会计高等专科学校升为本科院校并更名为上海立信会计学院，2011年获审计硕士专业学位研究生培养资格，2016年上海立信会计学院与上海金融学院合并成立为上海立信会计金融学院，2018年被列为上海高水平地方应用型高校建设试点。目前（2022年）学校已拥有15个二级教学学院，39个本科专业，教职工1 650多人，

图 1-11　潘序伦与部分申请复校的倡议人合影
左起：顾福佑、潘序伦、王眉征、段力佩、顾树桢、胡远声等

全日制在校生 17 600 多人。

1986 年 3 月，立信会计师事务所复办，各项业务发展迅速，成为上海第一批获准从事股份制企业查证业务的会计师事务所之一。2000 年立信会计师事务所改制建成立信会计师事务所有限公司。2000—2010 年，立信会计师事务所又相继在新疆、江苏、浙江、北京、山西、广东、云南、四川、福建等地设立 32 家分所、8 个地区总部，由此成为国内颇具影响力、跨地区的会计师事务所之一。立信会计师事

务所现有40余个审计业务部、央企事业部,10个国际审计业务部及技术标准部、培训部、管理咨询部等与业务相关的部门,从业人员近12 000名,其中执业注册会计师2 200多名,客户遍布全国各地。

1986年9月,国家出版局批准恢复立信会计图书用品社,后更名为立信会计出版社,现由上海立信会计金融学院主办,上海市教育委员会主管。立信会计出版社以传播文化、传承文明、繁荣学术、服务社会为宗旨,深耕财经会计专业,实施重大学术出版工程,不断推出高水平的学术精品。20世纪上半叶出版的"立信会计丛书",堪称会计领域的经典之作,培养了一代又一代会计人。进入中国特色社会主义新时代,立信版图书的市场份额持续扩大,全国有2 000多所本科和职业院校选用立信版图书,立信会计品牌声名远播,"干会计事,读立信书"已成为业界普遍的共识。立信版图书获国家级图书立项、国家图书出版基金资助项目和国家级奖励30多项,取得了社会效益和经济效益的双丰收。

潘序伦先生"以仁者的担当、勇者的无畏和智者的拓展,为现代会计发展奠定了坚实的基础,让人们最早感受到了现代会计的魅力"[1]。在1985年10月25日立信会计专科学校联合有关单位举行的潘老先生从事会计事业六十周年纪念大会上,财政部领导向潘序伦先生颁发了

---

[1] 《潘序伦文集》编委会.潘序伦文集[M].上海:立信会计出版社,2008:1.

《荣誉证书》(图 1-12)。

图 1-12　潘序伦先生获财政部颁发的《荣誉证书》

潘序伦为中国的会计事业的发展呕心沥血，贡献卓著，在现代会计学领域取得了令人瞩目的成就，学界评价他"既是一个功底深厚的会计学家，也是一名经验丰富的教育学家，还是一个脚踏实地的实业家"[①]。

三、创 新 基 础

潘序伦为会计事业奋斗了60年，尽管受"反右"和"文化大革命"

---

① 罗银胜.中国现代会计之父——潘序伦传[M].上海：立信会计出版社，2017：1.

的冲击，有一段时间他不得不身居陋室，以书为伴，但是，他在会计事业上仍取得了令人瞩目的巨大成就。取得如此成功的驱动力来自何处？立信会计事业靠什么实现了持续健康发展？潘序伦创建的"三位一体"立信会计事业，后人很难复制，但是，探究和揭示"三位一体"立信会计事业成功背后的奥秘有利于我们更好地学习潘序伦的思想和精神，促进我国会计事业不断发扬光大。

"问渠哪得清如许，为有源头活水来。"宋代理学家朱熹的名言揭示了创新的重要性。中国五千年的历史告诉我们，每个时代都有其时代精神，每个辉煌的时代都离不开创新引领。因循守旧、故步自封，带来的是没落局面；开拓进取、守正创新，才能创造出繁荣昌盛的事业。创新所释放出来的生产力和产生的成果推动着社会不断进步。"当今，创新也已成为增强综合国力、实现可持续发展战略的源泉和动力，改革创新是当今中国时代精神的核心。"①

创，始也；新，与旧相对；从广义上讲，创新是产生新的思想和行为的活动。美国学者德鲁克认为：任何改变现存物质财富、创造潜力的方式都可以称为创新；创新是新思想的运行，是付诸行动的一切新的想法。通常来说，创新有三层含义：一是指创造了新的事物，二是将本来已有的事物进行更新即造出一个新事物来替代旧事物，三是对原来的事

---

① 白春礼.序[M]//闵恩泽.石油化工——从案例探寻自主创新之路.北京:化学工业出版社,2009:1.

物进行改造以求发展。纵观潘序伦一生为之奋斗的立信会计事业，充满着新思想的运行，他学贯中西，深谙国情，理论联系实际，通过开展会计师事务所实务、培养会计人才、编辑出版图书与印制会计用品等一系列业务活动，把他所处时代的会计学新思想付诸实践。立信会计事业得以成功的动力源泉就在于潘序伦在我国的会计理论研究与会计实践中敢于创新、善于创新。

美国斯坦福大学终身教授、亚太中心主任、创新领域前沿学者谢德荪（Edison Tse）在《重新定义创新：转型期的中国企业智造之道》一书中，将创新分为始创新、流创新、源创新。[①] 所谓始创新，是指如火药般的科学创新发明；流创新是指在始创新的基础上，改进产品、优化流程，改善现有价值链的创新；源创新是指通过一种新的理念来推动人们日常生活或工作有新价值的活动，也就是说，源创新是基于对管理理念和思维本身的根本性改革和创新。"源"寓意从无到有，持续发展，不断衍生，产生一个生态系统的创新。借用创新理论的流与源的概念进行分析，可以看到，潘序伦在立信会计事业发展中的创新，既有流创新，即在原有基础上根据实际情况不断改善；又有源创新，即在现有资源基础之上，创造新的价值，像活水一样长存生机，自成生态。立信会计事业创新是流创新与源创新的有机结合，源创新不断推动流创新产生。

---

① 谢德荪.重新定义创新：转型期的中国企业制造之道[M].中信出版社，2016：006-008.

潘序伦的女儿潘屺瞻女士在回忆父亲时写道："回想父亲创办立信会计学校的时候，他总是不断有新思路出来。譬如，他到上海的时候，开始是创办了立信会计师事务所。然后又想到办事务所需要培养现代会计人才，于是就着手办学校。创办立信会计学校后之后，他又想到办教学需要现代会计教材。于是他又着手出版了'立信会计丛书'，还创办了《立信会计季刊》。"① 罗银胜在《中国现代会计之父——潘序伦传》尾声中写道："立信精神讲'创新'。这种创新，既有思想理念的创新，也有教育方法的创新，还有制度的创新和个性的发展。只有不断创新，才能够使立信不断适应不同时代和现实的需要，培养出各种有用人才，从而保持我们立信在我国教育之林占据一席之地。"②

王军在中国会计学会2005年学术年会暨中国会计学会财务成本分会第18次会议上的讲话中指出："中国会计精神应当是诚实守信的品格，客观公正的意识，开放广阔的胸襟和进取创新的追求。其中，诚实守信是灵魂，客观公正是根本，开放胸襟是关键，进取创新是动力。"③ 创新非易事，它需要的客观条件和组织的内外部因素非常多。借鉴德鲁克的创新来源理论，梳理立信会计事业的发展过程与取得的成

---

① 潘屺瞻.一家两泰斗[M]//上海国家会计学院会计口述历史项目工作组.会计口述历史(第一辑)上海:立信会计出版社,2019:42.
② 罗银胜.中国现代会计之父——潘序伦传[M].上海:立信会计出版社,2017:208.
③ 罗银胜.中国现代会计之父——潘序伦传[M].立信会计出版社,2017:208.

就，潘序伦的事业创新动力主要体现在以下五个方面。

（一）强烈的爱国主义精神和坚韧不拔的毅力

潘序伦是一位具有强烈的爱国主义思想的会计专家和教育家，爱国主义精神贯穿他一生。他同其他进步知识分子一样，设想通过提高教育水平，培养更多的人才，这些人才能为国家和民族的工商业发展作出贡献，从而推动整个国家的发展。潘序伦先生创建会计师事务所、会计学校和会计图书用品社"三位一体"的立信会计事业，是实现其"实业救国""教育救国"理想的有效途径。他希望通过兴办会计师事务所服务工商业发展、创办学校培养有用人才服务社会，解决年轻人的生计问题，为民族独立和国家富强作出贡献，创办图书用品社，出版图书，传播先进文化知识，提高大众的认识能力。抗战的烽火更激发了他的爱国热情，他积极参加抗日救亡活动和民主运动，踊跃为抗日将士组织募捐，并通过自己审计专长为募捐资金的顺利使用保驾护航；为进步报刊义务审计；积极支持立信师生的进步活动，保护爱国师生。

在国民党撤离大陆时，他毅然选择留下为新中国建设服务。在国民党政府败走台湾之前，王云五曾打电话邀请潘序伦到南京面谈"要事"，劝其出任南京政府的"政务次长"。潘序伦在回忆录中写道："我当时已认识到国民党政府内部腐朽不堪，贿赂盛行，料定它不会久长，我不愿和它同归于尽，因之，当晚即留书向王云五告别，乘夜班火车返回上海。"① 他还十分关注台湾回归祖国大业,1979 年 8 月,潘序伦响应党的号召,曾具名书写一封《书寿王云五》公开信,发表在中国香港《大公报》上,劝老友王云五回归祖国大陆。

在新中国成立 30 周年大庆之际,他满怀深情地大声呼唤:"我今天要求我所训练出来的成千上万同学和同事一起和我高喊口号:我们有生之日,都是为国竭智尽忠效力之年,这是我们最最幸福之时!"一句"为国竭智尽忠效力",完美诠释了潘序伦一生的爱国情怀。

1993 年,时任上海市市长和海峡两岸关系协会会长的汪道涵为潘序伦先生诞辰 100 周年题词:"经世济民"(图 1-13)。这是对潘序伦一

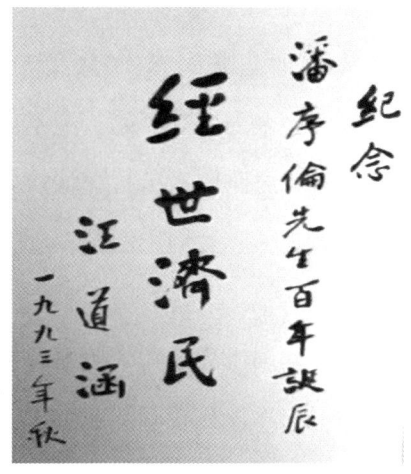

图 1-13 汪道涵为潘序伦先生诞辰 100 周年题词

---

① 潘序伦.潘序伦回忆录[M].北京:中国财政经济出版社,1986:48-49.

生执着追求、无私奉献精神风貌的真实写照。贯穿潘老一生的爱国主义情怀是立信会计事业创新和发展的不竭动力。

苏轼在《晁错论》中写道:"古之成大事者,不惟有超世之才,亦必有坚忍不拔之志。"

潘序伦具有坚强的性格和坚忍不拔的毅力。青年时期求学和求职之路都曾充满坎坷,立信会计事业的开创和做大做强更是遇到了无数的困难,甚至是艰难险阻,但是,潘序伦一旦确定目标,就会锲而不舍地勇往直前。他在谈到回国后的经历时曾说:"我教的是会计的书,写的是会计的文,做的是会计的事,任的是会计的职,总算始终在一条路上进行,对于原定的计划,未曾改变"。①

潘屺瞻女士在回忆父亲时也曾写道:"我父亲就是有这样一股精神——他要办的事情,一定会全力以赴办好,绝不会半途而废"。②

潘序伦早年的求学和求职之路曲曲折折、坎坎坷坷,自叹"学书不成,去学剑,又不成"。如前所述,潘序伦中学读书时,因年少气盛两度被学校开除学籍;后幸得家人帮助转入常州府中学堂才完成中学学业。毕业后他选择并考入南京国民法政大学读书,但学校遭遇停办,求学失败;继而又考入南京军官学校无线电专业学习,毕业后在军舰做发

---

① 潘序伦.求学经过的自述[J].立信会计季刊,1935,2(7):347-359.
② 潘屺瞻.一家两泰斗[M]//上海国家会计学院会计口述历史项目工作组.会计口述历史(第一辑).上海:立信会计出版社,2019:42.

报员，后因此工作与其理想严重不符他选择离开岗位、退出军籍，第一次就业失败；第二次与第三次就业是通过投靠亲朋好友先后干过造币厂翻译员和中学教员之职，最后也因种种原因皆遭遇失败。接二连三的失败使潘序伦也有过短暂的迷茫和沉沦，但最终他还是在青年友人的启发下幡然醒悟，树立了出国留学、立志成才的目标。在黄炎培先生的帮助下，潘序伦无比刻苦地在上海圣约翰大学读书学习，获得文学学士学位，进而实现了他出国留学之梦，并以优异的成绩学成回国。潘序伦在一次又一次的失败之后，仍然能不忘初心、顽强拼搏，最终取得成功。

学校的创办先是在上海河南路吉祥里的弄堂起步，抗战爆发上海局势严峻后又转战山城重庆建校。抗日战争胜利后再回到上海建立新校，直至"文化大革命"结束后鼎力复校，整个办学过程曲折艰辛，也彰显了潘先生对会计事业锲而不舍、始终不渝的执着和坚韧精神。

我国著名会计学家杨纪琬先生在谈到潘序伦的立信会计事业时，不无感慨地说："潘老在创办和发展立信会计师事务所中，是全力以赴、一心扑在事业上。尽管道路坎坷、挫折多磨，他总是不馁不退、锲而不舍，迎着困难上，踏着波折行，千方百计把事业办得精益求精，逐步发扬光大"。杨老高度评价了潘序伦对我国会计事业的贡献和为之奋斗的执着精神："无论立信会计事务所、立信会计学校、立信会计丛书，在我国会计工作、会计教育和会计理论研究的发展史中，都留下了不可磨灭的一章。潘老先生为之竭尽全力，艰苦创业，锲而不舍，可真谓达到了呕心沥血的境地"。①

（二）以国家和社会的需求为己任的责任感

潘序伦学成回国后，先受聘担任上海商科大学教务主任兼会计系主任，随后又出任上海国立暨南学校（现暨南大学）商学院院长，并在两校执教，事业颇为顺利。但是，当他看到"当时工商界通用旧式账簿亟待改良，企业会计需才孔急"，"而且会计界的许多人士都有改革旧式账簿的要求"，②于是毅然辞去了在两所大学的教职，自行创办会计师事务所，决心把会计师作为终身职业，一心一意为发展我国的会计事业而奋斗。

在会计师事务所为工商企业办理业务的过程中，潘序伦深感中国会计人才匮乏和推广新式会计的紧迫性，又忧虑失学、失业青年的就业机会，于是先是开办多种形式的立信会计补习学校，而后又建立培养高级会计人才的立信会计专科学校。"潘序伦办学完全是适应社会需要的。辛亥革命以前，我国工商企业和国家机关的会计工作一直沿用古老的单式收付簿记。"到了20世纪20年代，才由留学回来的商科学生引进了"复式簿记"，"起初是在银行界试用，后渐及大型企业。随着生产的发展，新式会计的采用渐渐普及起来，可是熟悉新式簿记的会计人才仍然非常紧缺，因此，新式会计的推行非常缓慢"③。在此背景下，潘序伦

---

① 杨纪琬.序[M]//潘序伦.潘序伦回忆录.北京：中国财政经济出版社，2013：4-5.
② 潘序伦.潘序伦回忆录[M].北京：中国财政经济出版社，1986：22-23.
③ 罗银胜.中国现代会计之父——潘序伦传[M].上海：立信会计出版社，2017：32-33.

立志兴办会计学校，培养会计人才，传授新式会计知识。

在会计师事务所业务接触中，潘序伦"深感我国会计业务水平太低，不能适应民族工商业发展的需要。那时大学里研习会计科学者不多，教科书大都是外文原版；少数译著亦以簿记居多，缺乏高深之作"，① 为了满足立信会计学校培养人才使用教材之需求，他在事务所设置编辑科编译簿记、会计、审计等书籍，创办立信会计图书用品社，出版教材、学术著作和印制账册。

新中国成立后，百废待兴，工农业发展更是日新月异，时不我待。而作为产业发展的必要条件之一——企业财务会计队伍当时却十分落后，财会专业人员极其缺乏。据新中国成立初期曾在广西财政厅工作过的会计前辈席玉聚先生回忆，那时广西的厂矿企业中，"除了这十几家大企业，其他许多小企业的财务人员基础就很薄弱了"，"很多人根本就没有学过会计，在企业里还是用收支调账，上收下支，对成本、利润等根本没有概念"，"很多小厂的财务就两个人，一个会计，一个出纳。有的只有一个会计，出纳还是厂长兼的"。② 潘序伦先生创办的立信会计学校在1949年之后发展非常快，为新中国成立后会计人才的培养作出了积极贡献。资料显示：1951年仅上海一地，立信学生（包括函授）共

---

① 潘序伦.潘序伦回忆录[M].北京:中国财政经济出版社,1986:36.
② 席玉聚.一个老会计的编年史[M]//上海国家会计学院会计口述历史项目工作组.会计口述历史（第一辑）.上海:立信会计出版社,2019:121.

约 19 000 人，立信补习学校设立分校 10 所，重庆、广州、北京、天津等各地学校在校生也有 3 000 多人。

"文化大革命"结束后，组织上为潘序伦先生以前的错案彻底平反，纠正了错划的"右派"。潘序伦没有纠结过去，更没有埋怨社会，而是满怀信心地重新投入他挚爱的会计事业，积极展开恢复立信学校的工作。这也是缘于改革开放、国家"四化"建设对大量会计人才的需求。当时有调查显示：上海财会人员当中，大学本科毕业的只占 6%，大专、中专毕业也仅占 12%；而全国财会队伍中大专毕业仅有 3%，中专以上也只有 6%，高学历的财会人员极其缺乏。倡导恢复立信会计事务所、立信会计出版社也同样是出于潘序伦以社会需求为己任的情怀。[1]

综上所述，潘序伦开创的会计师事务所、会计学校、会计图书出版社"三位一体"立信会计事业皆源于那个时代国家与社会的需求，源于潘老先生高度的社会责任感和使命感。

(三) 渊博的学识和深厚的功底

潘序伦早年在黄炎培老师的推荐下，进入上海圣约翰大学学习。该校是全英文教学，当时他自己的英文底子非常薄弱，为了实现出国留学的目标，他"更加勤奋地学习，从早到晚埋头于书本"，"最后毕业考试，各科成绩均为全班之冠，并在全校英文作文比赛中，斩获了唯一的

---

[1] 万峰,何佩莉.信好有你[M].上海:立信会计出版社,2018:3.

金质奖章，被授予文学士学位"。① 潘序伦在上海圣约翰大学学习阶段奠定了良好的文字功底和英文基础。

大学毕业后潘序伦进入哈佛大学商学院攻读管理学硕士。他除了选学经济学、商品学、销售学、市场预测等课程，还选学了大量会计学课程，打下了扎实的会计学基础。随后他在哥伦比亚大学政治经济学院进一步攻读博士学位。在这期间，他博览广学，完善了经济学知识体系，并完成《中美贸易论》博士论文，获得政治经济学博士学位。

潘序伦的学士、硕士和博士三个学位分别属于不同的门类。他博览群书、博闻强记，在本科、硕士研究生和博士研究生就读期间认真完成了学业课程体系的研习，成长为难得的跨界人才。正是潘序伦深厚的文学功底、扎实的会计学理论、广博的经济学知识，加上良好的英语水平，成就了他成为会计学大家的深厚素养，为他所建立和引领的立信会计事业的创新与发展奠定了坚实的基础。

（四）面向实际的务实精神和破解难题的能力

密切结合社会现实的务实精神也是立信会计事业创新和发展的重要基础。

潘序伦开创的"三位一体"的立信会计事业，无一不是根据当时国

---

① 潘序伦.潘序伦回忆录[M].北京：中国财政经济出版社，1986：19.

家与社会的需要，依靠脚踏实地的务实精神努力奋斗而来的。

设立立信会计师事务所，着眼的正是当时我国民族工商业发展的需要。立信会计师事务所开展业务服务的对象主要是新兴的民族工商业企业和中外合办企业。

创办立信会计学校，也同样是考虑当时的现实人才需要。在办学过程中，他先是因地制宜，利用晚上会计师事务所空闲出来的地方由他和会计师举办簿记补习班；然后根据需要进一步发展成簿记补习学校和会计职业学校。在职业学校取得明显成效后，他又关注到民族工商业发展对高级会计人才的需要，于是克服重重困难创立立信会计专科学校。

在立信会计学校使用的教材中，潘序伦也特别注重理论联系实用，将国外先进的理论和方法与我国当时的工商业实际相结合进行编写，经过上课试讲使用，不断进行补充修订，最后再通过严格审查出版。正如他在回忆录中写道：书的内容必须结合实际需要，有关理论和实务的论述，都要从实际出发，以满足社会需要为原则，对引进的国外先进学术，我们不是照搬照抄，而是结合我国的国情，在现行法规和工商惯例的基础上，适当采用。①

立信会计师事务所成立之初，缺人、缺钱、缺场地，潘序伦仅用了一个计核员作为助理，自己不辞劳苦，租房、聘用人员，并亲自承担了

---

① 潘序伦.潘序伦回忆录[M].北京：中国财政经济出版社，1986：35-36.

大量查账业务，解决了一个又一个难题，使事务所规模不断扩大，数次迁址，逐步发展成为当时最有影响的会计师事务所之一。

立信办学之初，生源、授课老师和教室都是急需解决的重要问题。潘先生投石问路，先办一个簿记培训班，以在私营工商企业的青年职员和练习生为对象，从补习职业教育开始。没有校舍，他利用会计师事务所办公地点晚上空余时间上课；没有师资，他让事务所的职员兼任。潘序伦就是在这样极其困难的条件下，实实在在地解决了一个又一个办学上的困难，开启了立信会计的办学征程。抗日战争爆发后，上海成为"孤岛"，政治环境恶劣，学校不得不停办。潘序伦只身经香港到重庆，着手将重庆立信会计分校充实改组为专科学校，备尝艰辛。他在回忆录中写道："当时最感困难的是校舍问题，我费尽了心血。"他计划租房，结果诸多不顺，只得筹集捐款先在北培买下一处房产办学。由于北培距市区很远，交通不便，后来潘序伦全力筹款在市区建了一栋三层小楼房，成为立信会计师事务所、学校和图书用品社的办公场所。抗日战争胜利后，潘序伦回到上海，又重整旗鼓，为恢复建设立信会计学校四处奔走，所遇难题和坎坷，非常人能够承受。这些经历已载入立信史册。

在"反右"和"文化大革命"期间，潘序伦受到不小冲击，"他留须扫弄，抄家挨斗，逼迁陋室，不稍灰心丧志，看书会客，怡然自得"[①]。

---

① 潘序伦.潘序伦回忆录（附录一）[M].北京：中国财政经济出版社，1986：69.

潘序伦在60多年的职业生涯中遇到过各种各样的困难和问题，在特殊的年代甚至遭遇到重大挫折，立信会计事业之所以能够延续下来并发扬光大，与他迎难而上的精神和具备超强的战胜困难、解决问题的能力是分不开的。

正是这种密切结合社会现实需要的务实精神和解决会计事业进程中的各种困难的能力，才使他创立的会计师事务所、会计学校、会计图书用品社都能够逐步发展，最终形成著名的"三位一体"立信会计事业。

（五）高尚的品质和朴实的精神

潘序伦先生日常生活简朴，斗室中一床、一几、一柜、一桌、四椅，别无摆设；图书成堆，未置书架，不置新衣①，却屡屡将自己的钱财捐献出来用于资助学生或会计事业的发展。图1-14为潘老的卧室兼书房。②

1924年他回国后在上海商科大学和暨南学校任职、任教，并且出版了《簿记及会计学》《公司财政》两本教材，正如他自己所说，"我在生活上早已节约成性，因之不到两年，我就有了两万五千元的银行存款。""于是我就以'饮水思源'之义，乐捐一万元为简先生（南洋兄弟烟草公司简照南先生曾资助潘序伦留学美国）设立'思源助学基金'，

---

① 潘序伦.潘序伦回忆录（附录一）[M].北京：中国财政经济出版社，1986：69-70.
② 图片由上海立信会计金融学院文博中心副主任李益老师提供。

图1-14 潘序伦的卧室兼书房

专门帮助学习成绩优异而生计贫寒的学生,完成学业之用。"① 为了募集助学基金,潘序伦在《国立浙江大学校刊》上发表了《王志莘潘序伦发起募集思源助学基金宣言》,文中说道:"相与议定,志莘出三千元,序伦出一万元,合组助学基金,名曰'思源'。"潘序伦博士论文正式出版时扉页上印有对简照南先生及其子简日华先生的致谢(图1-15)。

---

① 潘序伦.潘序伦回忆录[M].北京:中国财政经济出版社,1986:55.

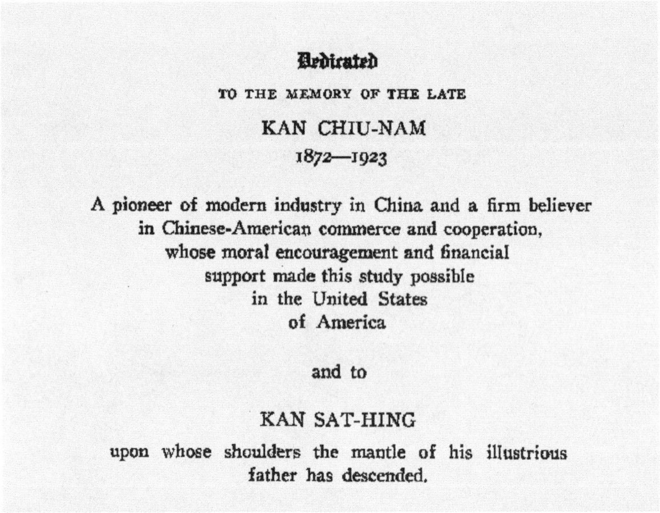

```
              Dedicated
        TO THE MEMORY OF THE LATE
              KAN CHIU-NAM
               1872—1923

    A pioneer of modern industry in China and a firm believer
        in Chinese-American commerce and cooperation,
          whose moral encouragement and financial
              support made this study possible
                  in the United States
                       of America

                        and to

                   KAN SAT-HING
    upon whose shoulders the mantle of his illustrious
              father has descended.
```

图 1-15　潘序伦先生对简照南先生及其子简日华先生的致谢

致谢译文如下：

谨以此书献给中国现代工业的先锋、中美商业合作的坚定支持者，已故简照南先生（1872—1923）。他的精神鼓励和经济支持使得本人在美国完成这一研究成为可能，以及简日华先生，与其父简照南先生一样具有优秀的品质。

1937年成立立信会计专科学校时，潘序伦又一次慷慨解囊，将立信会计师事务所执业十年所结余6万元全部捐出作为学校建设基金。

1979年1月18日，我国第一个会计学会——上海市会计学会成立。潘序伦将"文化大革命"后平反返还抄家财物的一半——人民币40 000元捐给上海市会计学会，用于资助会计学会的活动；1980年，在复办立信会计学校的过程中，他捐出5 000元作为学校复办的开办费；1984年，潘老又将返还抄家财物最后所剩35 000元悉数捐出，并联合立信海外校友会顾问杨国树和中国香港实业家查济民分别捐款45 000元和10 000元，上海立信纸品厂也捐助10 000元，共筹集100 000元设立"潘序伦奖学金"，用于奖励优秀学生。潘序伦先生生活简朴，节约成习，但是对于立信办学，数次捐钱捐书，气度非凡。这深刻反映了他热爱学生、热爱教育、热爱会计事业的高尚品质。

潘序伦在抗战时期，与诸多进步人士一起积极投身于抗日救亡运动，他不仅从自己熟悉的会计审计业务方面服务抗战事业，还积极参加为支援抗战发起的募捐活动及募捐钱款的管理工作。抗日战争结束后，他更是义无反顾地投身于战后重建工作。

1976年粉碎"四人帮"后，潘序伦没有因为"反右"和"文化大革命"的冲击而有任何抱怨，而是迫切要求党和政府支持他重振"立信"，为会计事业再创辉煌。他在回忆录中写道："当全国人民经受十年动乱痛苦的时候，我也受到难以忍受的冲击，但对会计事业奋斗的志愿，却始终不渝，念念不忘。粉碎了'四人帮'，全国欢腾，当时我虽已年逾八旬，亦在绝望叹惋声中觉醒过来，精神振奋，立即将多年所蓄的长须，一剃而光，以示投身四化建设的决心"。"我要竭尽有生之年，积极响应'肝胆相照、荣辱与共'的号召，自觉自愿、全心全意地为人民多作贡献，坚决沿着党所指引的方向，在社会主义大道上前进！""作为一个终身从事会计工作和教育工作的我，当然希望我的会计事业和教育事业在大好形势下继续下去；更希望我的弟子们能'青出于蓝而胜于蓝'，把立信会计事业发扬光大，并能在振兴中华的年代里，为四化建设大业作出更大贡献。这对我的晚年将是个莫大的安慰！"①

潘序伦这些感人之举和肺腑之言，充分显示了他高尚的情操和无私的品德。正是他积极进取、甘于奉献的人格魅力与朴实精神，吸引着一大批社会精英跟随他一心一意致力于立信会计事业，才使得立信会计事业历久弥新、繁荣向上。

延伸阅读1.

潘序伦为抗战胜利后常州中学重建募捐事例②

潘序伦早年读书的常州府中学堂（1927年更名为江苏省立常州中学）在日军侵略中国期间遭到严重破坏，图1-16为抗战后常州中学仅剩的两幢校舍照片。1937年10月，学校被迫迁至宜兴湖洋渚，不久解散；1939年2月，在上海复校，定名江苏省立常州中学沪校；1941年

---

① 潘序伦. 潘序伦回忆录［M］. 北京：中国财政经济出版社，1986：53—59.
② 此文摘编于江苏省常州高级中学原校史馆馆长张浩典编写的校史资料《刘国钧先生参与"建设常中"募捐活动》。

12月,太平洋战争爆发,上海租界沦陷,常州中学沪校停办。

图1-16 常州府中学堂校舍(抗战后仅剩的两幢校舍,前为教室,后为科学馆)

1945年8月,抗日战争取得胜利。江苏省立常州中学于当年10月在常州复校。常州沦陷期间,常州中学校园被日本侵略军占领盘踞。日本侵略军撤离学校后,昔日美丽的常州中学校园,一片荒芜,原有406间房屋,除新教室和科学馆两幢楼房外,其余建筑几乎全部损毁,因而无法在原址复校。学校只得就近租赁刘氏宗祠、胡氏宗祠和借用关帝庙、罗汉桥佛教会道圣坛以及武进中学作为临时校舍。

为了帮助学校战后重建,1946年常州地方知名人士和江苏省立常州中学校友们为常州中学募集校舍建设资金,发起了"建设常中"募捐活动，潘序伦先生为该活动的主要发起人之一，见图 1-17。

尽管潘序伦先生在常州中学读书时间并不长，但是他凭着对教育事业的一腔热血，积极参与发起"建设常中"募捐活动，并不辞劳苦亲自管理募捐经费。潘序伦先生经手的捐册封面上，还留有他的指纹，可见他管理募捐经费的严谨态度。"建设常中"募捐活动共进行了三次，校舍筹建委员会都将每次募捐情况公布于众。募捐活动结束，校舍筹建委员会还在《武进中山日报》刊登了《江苏省立中学校舍筹建委员会鸣谢启事》，将募集资金情况昭告于社会。"建设常中"募捐活动共募集 23 123 500 元（旧币），用于兴建常州中学的教室及盥洗室等用房。

下面是江苏省立常州中学校舍筹建委员会募捐缘起。

"自日寇陷常，常中被踞，公私涂炭，薪木荡然。往岁（去年）胜利复校，寇退还居。劫余旧物，仅存楼屋两幢。教室狭隘，无以收容多士。外此，谋食谋息，更无一椽。旋以同学爱校醵（凑钱）金，与夫邻好慨然推宅，今草舍苟完，幸免每食吁嗟之感。而枝栖暂借，时惧他人伺侧而来。审容膝之未安，辄彷徨而绕室。且此，复图书仪器，岁加购置，储藏实验，均宜辟室，又迭奉令增加班级，感捉襟而日见肘。念无米不能废炊，爰议土木之兴，实赖将伯之助，同情寄与，是所望于群公。自力更生，冀一劳之永逸，秋风开始，敢邀有万间庇士之思，夏屋（大的食器）权舆，愿完此百年树人之计。是为启。"

图 1-18 为"建设常中"缘起原文。图 1-19 为潘序伦先生经手的捐册封面。

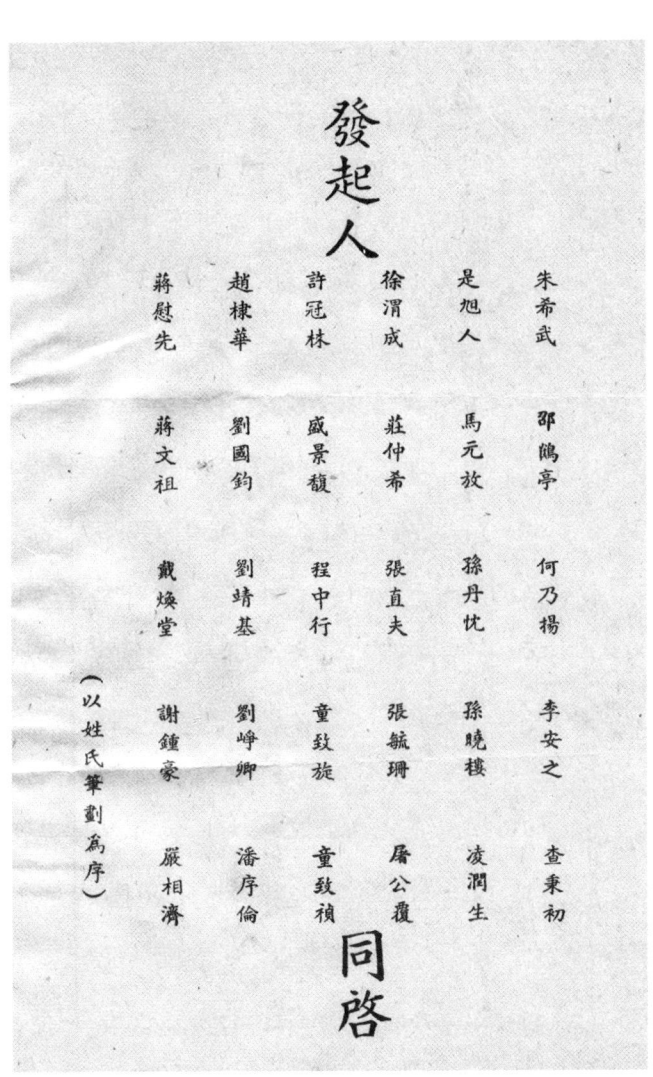

图1-17 "建设常中"募捐活动发起人

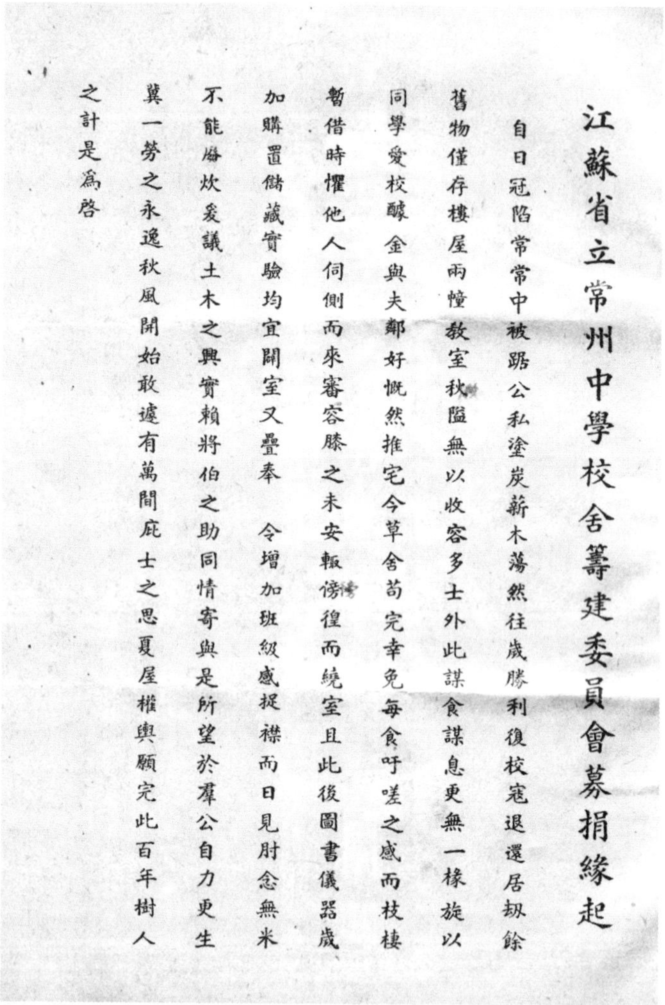

江蘇省立常州中學校舍籌建委員會募捐緣起

自日寇陷常中被踞公私塗炭薪木蕩然往歲勝利復校寇退還居刼餘舊物僅存樓屋兩幢教室秋臨無以收容多士外此謀食謀息更無一椽旋以同學愛校醵金與夫鄰好慨然推宅今草舍苟完辛免每食吁嗟之感而枝棲暫借時懼他人伺側而來審容膝之未安輾傍徨而繞室且此後圖書儀器歲加購置儲藏實驗均宜開室又疊奉令增加班級感捉襟而日見肘念無米不能爲炊爰議土木之興實賴將伯之助同情與是所望於羣公自力更生冀一簣之永逸秋風開始敢遠有萬間庇士之思夏屋權輿顧完此百年樹人之計是為啓

图 1-18 "建设常中"缘起

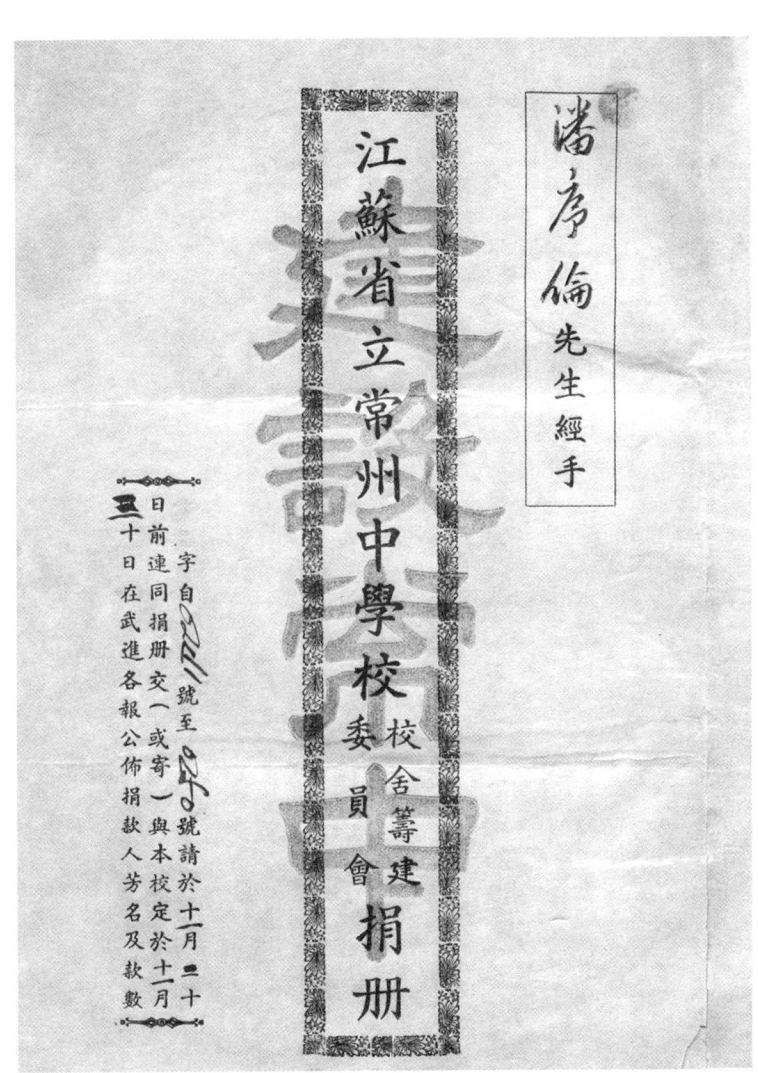

图 1-19 潘序伦先生经手的捐册封面

江苏省常州高级中学校史馆人员走访潘序伦的访谈记录①

张浩典等　记录整理

潘序伦回忆道:

1. 我考了宜兴第二名

1907年,常州府中学堂开办,首次招生,我就去考了,考了宜兴第二名,第一名是后来当校长的童伯章先生的侄子。

2. 我在常州中学,只念了一头一尾

常州府中学堂首次招生,共180名（注释：可能是潘老记忆有误,实际录取人数是240名),来自常州府所属8县,即武进、阳湖、无锡、金匮、宜兴、荆溪、江阴、靖江。学校为破除学生的地域观念,特意将不同县籍的学生安排在同一宿舍。但是,包括潘序伦在内的宜兴籍学生十多人不顾学校的规定,私自将铺位移动,住在同一宿舍。校方对此表示不同意,令学生搬回原宿舍,这些学生坚持自己的做法,与校方发生矛盾。学校为严肃纪律,将这些学生除名。潘序伦因此离开了常州中学,这就是所谓的"一头"。

---

① 选摘自江苏省常州高级中学原校史馆馆长张浩典等编写的校史资料《江苏省常州高级中学百年校史(1907—2007)》。

潘序伦先生讲起这件事的时候，一再说，"那时小，不懂事"。后来，我们在童伯章校长于1917年写的《本校十年大事述略》中也看到了关于此事的记载，并说："此时学校尚未开课，而遽起风潮，论者引为学校之不幸。而本校规则之厉行，即始于此焉。"

潘序伦被常州府中学堂除名后，便到上海浦东中学读书。在四年级考试时，为表达对某教员的不满，潘序伦等人交了白卷，又被浦东中学开除。1911年秋，重新转到常州中学读书。不久，中华民国建立，中学学制改变，由原来清朝时候的五年制改为四年制，规定凡读满四年经考试合格，即可毕业。1912年4月，常州中学举行第一次毕业考试。潘序伦参加考试，成绩合格，即在常州中学毕业。这就是所谓的"一尾"。

第二章

潘序伦
会计诚信思想与创新

诚信，是中国会计独特而丰富的精神内核和灵魂。潘序伦是中国近代会计界倡导诚信思想的先驱，并以"诚信"二字为核心创建集会计师事务所、会计学校和会计图书用品社"三位一体"的立信会计事业，将其诚信思想付诸会计审计实践、贯穿于整个立信会计事业之中。潘老的会计诚信思想形成与拓展历程深刻体现了他极具创新意识的思想特征。图2-1为潘序伦先生题写的立信会计学校校训——立信。

图 2-1　潘序伦题写的立信会计学校校训——立信

一、会计诚信思想产生的基础

(一) 产生基础

1. 传统文化的熏陶

潘序伦出身于书香世家,祖辈尊尚孔孟之道。他自幼深受中国传统文化思想——儒家思想熏陶。13岁之前潘序伦接受的是私塾教育,这一阶段,他"所读的书,除了论孟诗书传史而外,还读了不少时文,同时又读数理精蕴、瀛寰全志、万国史纲目等书"。"我国文的小小根底,不能不说是那时候造成的"。[①] 13岁时他进入家族所办学堂学习,学校虽然开设了数学、中外史地、英文等课程,但是"四书""五经"和《史记》等古典文学仍是要学习的主要课业。传统文化中的"信"和"义",给他的会计思想打下了深深的烙印。

潘序伦在其回忆录中引用古时王荆公的话:夫合天下之众者财,理天下之财者法,守天下之法者吏也。吏不良,则有法而莫守;法不善,则有财而莫理。并进一步解释说"法就是制度,吏就是人才,要理好财,必需首先设计会计制度,健全财务管理,而有了好的制度以后,还必须有公正无私、忠于职守的专业人才来执行"。他把这段话作为会计

---

① 潘序伦.求学经过的自述[J].立信会计季刊,1935,2(7):347-359.

师事务所工作的指导思想,并把它写在立信会计专科学校毕业同学的纪念册上,勉励同学们学习成才,忠于职守。而他"三位一体"的立信会计事业,更是依据儒家学说名言"民无信不立"而取名。由此可见,我国传统文化的滋养是潘序伦会计诚信思想的重要来源。

潘序伦在上海浦东中学求学遭遇挫折后,转入常州府中学堂就读。该校是始建于唐肃宗至德年(公元756年)的常州府学,1907年重建,正式取名为"常州府中学堂",新中国成立后定名为"江苏省常州高级中学",并延续至今。这所学校历史悠久,颇负盛名,中国共产党的早期领导人瞿秋白、张太雷都曾就读于这所学校,著名的史学家钱穆、文学家刘半农、语言学家吕叔湘、周有光等皆为该校校友。常州府中学堂具有优良的传统和学风,该校的校训为"存诚、能贱",江苏省常州高级中学至今仍然沿用,学校希望所培养的学生对国家忠诚、对他人真诚、对事业坦诚,能够踏实做事。常州中学打造的"存诚""能贱"学风,对青年时期的潘序伦有着潜移默化的影响。

2. 西方信用文化的影响

20世纪20—30年代,正值西方经济大萧条时期,经济危机引发了世界范围内人们对信用危机尤其是会计信用的思考。潘序伦先生在美国求学时期,美国的企业在筹集生产经营所用短期资金已经逐渐依赖银行发放的贷款,因此,一方面企业需要积累良好的信誉;另一方面因为企业申请银行贷款时需要向银行提供经过注册会计师检查证明的资产负债表，所以会计师进行审计的目的也是为了信用；与此同时会计师们也要树立自己的信誉。这种环境促使美国的信用文化快速发展起来。1924年秋，潘序伦先生完成学业后，在回国途中，还去欧洲各国进行了自费考察，对欧洲大陆各个国家的信用制度文化感受良多。西方的信用文化对潘序伦的会计诚信思想具有积极的影响。

3. 国外准则规范的启迪

1929—1933年的第一次资本主义世界经济危机爆发后，美国经济陷入"大萧条"时期。经济危机引发社会对会计制度的反思，当时的主流观点认为，会计舞弊、监管不力是引发经济危机的重要原因之一。1922年前后，美国各大州相继颁布了会计师法。1933—1934年，美国先后颁布了《证券法》《证券交易法》；1936年美国会计师协会制定了体现监管者意志的公认会计准则（Generally Accepted Account Principles，GAAP），用以规范会计实务和统一报表信息；1936年美国会计师协会委托相关机构对会计实务进行了调查，并通过六条"认可的会计原则"，从而产生了"公认会计原则"。1937年美国证券交易委员会制定并公布了《会计系列公告》。这些法规制度的实施开启了会计审计接受准则规范的时代。在此基础上，西方民间审计制度也逐步完善，由注册会计师进行独立审计，并从专业角度对会计报表发表意见，从而增强会计信息的可信性。这种通过制定和完善法律制度来规避会计舞弊，通过独立审计提高信用的做法对潘序伦会计诚信思想的形成具有一定的启迪作用。

4. 国内会计变革的影响

1927—1937 年这十年间，我国民族资本主义工商业快速发展，传统的中式簿记逐渐暴露出它与机器化工业生产及近代商业发展不相适应的种种弊病，会计变革势在必行。在此环境下，西方的借贷复式簿记方法被介绍和引进到中国，借鉴西方现代会计内容与方法，在会计学界的改革方和改良方的争论中，我国会计制度取得了突破性的发展。与此同时，当时的政府也对政府会计组织进行了改革，并出台了一系列会计法规制度。1927 年，国民政府财政部颁布了《会计师注册章程》，后来会计师划归为工商部管辖，继而又颁布实施了《会计师章程》。1929 年，国民政府立法院出台《会计师条例》，后又相继颁布了《公司法》《会计法》《营业税施行细则》《银行收益税法》《所得税暂行条例及施行细则》等法规条例。① 国内民族工商业的发展、会计改革与法律法规逐步健全，为潘序伦会计诚信思想的形成打下了基础。

潘序伦会计诚信思想的形成与传统文化的熏陶、西方信用制度文化的影响和国外准则规范密切相关，与会计审计职业本质属性和时代要求紧密相联。

---

① 陈春华.潘序伦会计诚信思想形成的历史背景分析[J].商业时代,2007,388(21):109-110.

(二)"立信"思想与会计诚信

潘序伦的会计诚信思想是其"立信"思想的核心,"立信"思想几乎与其"三位一体"的会计事业同步产生。他在回忆录中写道:1927年1月在上海设立了"潘序伦会计师事务所","决心以会计师业务作为我的终身职业,一心一意为发展我国的会计事业奋斗终身。实践中,我深深感到,要开展会计师业务,首先要取信于社会。因之第二年我取了《论语》中'民无信不立'之意,将'潘序伦会计师事务所'改名为'立信会计师事务所',并以建立信用,争取他人对我们的信任为事务所的第一主旨。"可以说,立信会计师事务所的更名是潘序伦"立信"思想诞生的标志。图2-2为"潘序伦会计师事务所"更名为"立信会计师事务所"的公告。

后来,潘序伦又将"立信"一词的含义进一步延伸为:"信以立志,信以守身,信以处事,信以待人,毋忘'立信',当必有成"(图2-3),并将其作为办理会计实务、培养人才、编译出版图书用品等各项会计事业的信条。他认为,信誉是会计师业务的生命力。定名"立信",就是要赢得社会信得过的名誉,打造社会信得过的品牌。

立信会计师事务所成立后,潘序伦看到当时中国新式簿记人才严重短缺,就依托事务所举办会计补习学校,同样取名为"立信",将诚信思想带入会计教育事业中。后来,又成立了"立信会计专科学校",将会计诚信教育纳入高级会计专业人才的培养体系中。

图 2-2　潘序伦会计师事务所更名为立信会计师事务所的公告

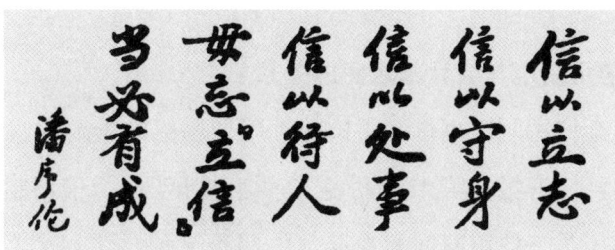

图 2-3 潘序伦题写的对"立信"校训的诠释

1941 年 6 月,潘序伦与出版家邹韬奋先生共同创立了"立信会计图书用品社",后更名为"立信会计出版社",出版会计书籍和账册,服务会计教育和会计业务。随着涵盖会计师事务所、学校和出版社"三位一体"的立信会计事业的建立和发展,潘序伦以"立信"为标志的会计诚信思想更加明确并不断深化,影响力也越来越大。

潘序伦将"诚信"这一中国传统道德规范融入"三位一体"的立信会计事业中,他一生始终将"诚信"作为其思想追求、实践指南和行动准绳。①

潘序伦的诚信思想不仅体现在"立信"这一命名中,也体现在他的演讲、论文与著作中,更贯穿于他日常会计审计业务和教育实践中。潘序伦会计诚信思想的内涵主要包括:职业道德、治学态度和人格素养等

---

① 邵勃.论潘序伦会计诚信职业道德思想的内涵[J].中国集体经济,2020,(04):125-126.

方面,① 其中会计职业道德是最重要的内容。

(三) 信用制度与会计师之间的关系

建立社会信用制度也是潘序伦会计诚信思想的重要内容。1928 年,潘序伦在《经济汇报》第 1 期发表了《会计师职业与信用制度之关系》一文,阐述了关于信用制度的观点。

首先潘序伦分析了当时国内信用制度的建设情况:"我国信用制度之设立,虽远在千百年前,但近世纪间,其发达实远逊欧美各国。"紧接着他论述了信用制度在我国民族工商业发展中的重要性以及维护社会信用制度的方法:"最近数十年中,银行事业勃兴,大小企业,均逐渐注重利用信用以为筹措短期长期资本之方法",对于各种大小企业,如果没有信用以资周转,绝大多数难以维持营业现状,不得不闭门停业。维护社会信用制度,为全社会提供保障,"惟赖社会各企业,厉行经济公开之法",换言之,经济公开是维护社会信用制度至关重要的方法。

关于社会信用制度与会计师之间的关系,潘先生认为会计师是社会信用制度的保障者。"而社会信用制度之保障,则在经济公开之实施,且必假手于超然之会计师,方能收确实之效果"。进而他指出:为社会信用制度起到保障作用的会计师,"必具优良之道德,高深之学识,充

---

① 陈春华.论潘序伦会计诚信思想的内涵[J].商业时代,2007,(21):109-110.

分之经验与干练之才能四项"。

在这篇文章中,潘先生还提出了一个十分新颖的观点,他将"信用"列为生产要素之一,甚至认为信用要素从某种意义上讲比资本更重要。"信用为生产要素之一,在近代社会中,其重要且胜于资本,因信用所赋予者无限止,无穷时也"。"故社会信用制度,亟须确立"。① 遗憾的是"信用为生产要素之一"这一观点并没有引起学界的足够重视,也没有被社会广泛接受。尽管如此,这个观点还是让我们领略了潘老的创新性思维方式。

二、会计诚信思想的内涵

(一) 诚信的含义

据汉语词典释义,"诚"为真实、实在之意;"信"为信用、相信之意;"诚信",通常是指真实、诚恳、言行一致,守信用、讲信义、立信誉。中国传统文化中,"诚"与"信"作为伦理规范和道德标准,最初是分开使用的,"诚"是从天道而言,指真实的内在道德品质,即"内诚于心";"信"是从人道而言,指使人信任,即"外信于人"。随着诚

---

① 潘序伦.会计师职业与信用制度之关系[J].经济汇报,1928,4(1):8-9.

信文化的发展,"诚"与"信"紧密相联,组合了一个内外兼备、具有丰富内涵的词汇:"诚信",即诚实守信,表达以真诚之心,行信义之事。

中国传统伦理十分重视对诚信问题的研究,古代文献中,《尚书》最早出现"诚"字,当然那时只是表达对鬼神的笃信虔诚。《周易》中写道:"修辞立其诚,所以居业也",意指君子说话,立论应诚实不欺,这样才能建功立业,这里的"诚"已具有人伦道德意义。儒家学说更是将中国传统伦理道德作为其思想的核心。孔子曰:"民无信不立","人而无信,不知其可也";孟子曰:"诚者,天之道也,思诚者,人之道也,至诚而不动者,未之有也;不诚,未能有动者也",告诉人们"诚"是顺应天道与人道的基本法则。在处理诚信与利益的关系上,孔子告诫人们:"见利思义""义然后利";孟子则说:"生,亦我所欲也,义,亦我所欲也,二者不可得兼得,舍生而取义。"荀子提出:"诚乃政事之本"。综观古代儒、道、墨、兵各家,他们都肯定"信"的治人、治兵、治国、治世之功。千百年来,诚信被中华民族视为自身的行为规范和道德修养。潘序伦的会计诚信思想,根植于我国传统文化深厚的土壤之中。

(二)会计诚信的含义与本质

什么是会计诚信?会计诚信表达了会计对社会的一种基本承诺,即客观公正、不偏不倚地把现实经济活动反映出来，并忠实地为会计信息使用者们服务。会计诚信并不是一个抽象的道德概念，而有其十分复杂的社会、经济、文化甚至是政治背景。

潘序伦的会计诚信思想根植于中国传统文化的土壤和民族工商业的发展现实，也深受西方信用文化与会计法律制度规范的影响，但是关键还是源于会计工作自身的特性。现代社会的各种关系，无论是经济的还是社会的，无论是物质的还是精神的，都需要建立在契约关系之上。会计在现代社会成为维系投资者与经营者、生产者与消费者、市场与企业、政府与企业、企业与客户、管理者与员工等各种契约关系的基础。契约精神之关键在于诚信，会计诚信原则源于会计服务经济社会存在的各种契约关系。法国著名学者阿兰·佩雷菲特在《论经济"奇迹"：法兰西学院教程》一书中指出，他考察了荷兰、英国、美国和日本四个国家经济之后，发现竞争和诚信是这些国家出现经济奇迹最为重要的原因之一。他认为竞争与信用相辅相成，信用的确立是经济发展的基本前提，而会计正是维持信用的主要甚至是唯一工具。由此可见，"会计诚信是会计与生俱来的品质。从根本上说，会计诚信是社会经济文化不断走向文明的内在要求"[1]。

---

[1] 杨雄胜.会计诚信问题的理性思考[J].会计研究,2002,(3):6-12+65.

三、会计职业道德

潘序伦在开创现代会计事业过程中,将"诚信"思想融入事务所的会计审计工作、会计人才培养和会计图书用品出版等业务中,赋予会计学这一具有较强技术性学科深刻的思想性,体现了潘序伦在会计文化方面的创新,使会计能够更好地服务政府管理与实业发展,为我国现代会计事业的健康发展奠定了重要的思想基础。

(一) 关于会计职业道德的论述

潘序伦认为:信用在社会中有着"胜于资本"的重要作用,信用有赖于社会信用制度的确立;而保障社会信用制度的实施,一是需要经济公开,二是需要通过具有高尚职业道德的会计师来实现。会计职业道德是指在会计职业活动中应当遵循的、体现会计职业特征的、调整会计职业关系的各种经济关系的职业行为准则和规范。潘老的会计职业道德论述,是其会计诚信思想在会计职业方面的具体展现。

潘序伦曾多次撰文著书,阐释其会计职业道德思想。以诚信为本的会计职业道德思想,有其深刻的思想根源,更是从其亲身经历的会计实践中总结出来的。潘序伦关于会计职业道德的论述,在不同阶段针对不同层面的人员有不同的表述,比较典型和完整的论述分别在1933年、

1943年和1984年发表的三篇论文中,其核心内容可概括总结为"四词""六字""三方面"。

1. "四词"

早在1933年7月,潘序伦就在《中国之会计师职业》一文中对从事会计师职业需要具备的职业道德要求进行了专门论述:"然会计师之为职业,实为工商业保障信用而设,苟有不道德行为,而自丧其信用,则此项职业,即失根本存在之理由,殊背国家社会期望之愿意,可不慎哉。"可见,潘老将会计职业道德放在何等重要的位置,视其为会计职业的生命。在该文章中,他还从自身的经验出发,进一步强调会计师职业之发展,有赖于诚信一端,比其他百业都更重要。"故'诚信'二字,实为会计师职业成功失败之所系,证以著者个人之经验,益深信之而不疑。""故凡会计员必先养成其会计的人格,所谓会计的人格,即可以信之一字概括之。"

在这篇文章里,潘序伦将会计师职业道德归纳为公正、诚信、廉洁、勤奋四个词。

公正,会计师在执业时,应该公平处理,不得稍存偏私,致失社会公正人之地位。"故会计师第一应具备之美德,即为具有不屈于任何诱惑或威胁之勇气,依其学识经验才能之所及,观察会计之正确与谬误,从直报告,毫无隐徇。"

诚信,会计师之所以成为单独一个行业,其唯一之目的,即为建立社会各界财政上之信用。"盖本身不能以绝对诚信自期，更焉能为他人之信用作证明？"

廉洁，廉洁为公正诚信之根本，它有两种含义：一是对于依照规定或约定所应取得的费用，丝毫不应另有需索和取纳；二是对于贫苦无力而遭受屈抑之人，应为之仗义执言，不应斤斤计较报酬。至于以信托人资格为他人管理的财产，更应该一丝不苟地严格管好。

勤奋，"会计账目事项之繁重，较凡百他事为甚。"所以会计师要具有勤奋精神，努力做事，遇事不能拖延，如果让委托人感到重大不便，会计师则难以立足。

1940年，潘序伦在《敬告国内有志于会计职业之青年》文章中发出呼吁："有志于会计职业之青年，苟欲于会计界中，求乐业进业之道，不可不先在德性、学识、经验三方面加以充分而适当的修养"。而且专门阐述了会计员在德性上必须有特殊之修养：第一条就是守信。信，"即诚实不欺，言行如一，有诺必践之谓也。""信为吾人立身之要件，尤为会计从业人员之要件，""故凡会计员必先养成其会计人格，所谓会计人格，即可以信之一字概括之"。第二条是负责。"会计事务具有重大之责任"，"从业者必须具有绝对负责之天性，方能称职"。第三条是耐劳。会计员"必须具有耐劳耐苦之习惯及体质，方能胜任而愉快"。从上述表述中可以看出，潘老对会计职业道德最本质的要求仍然是诚信。同时也要注意到，他在这篇文章中对有志于会计职业的青年的职业道德提出了"责任"要求。

2. "六字"

1943年2月，潘序伦在《吾国之会计师职业》一文中进一步将会计师职业道德归纳为公、信、廉、密、勤、敏六个字。

公，会计师职业，贵在以第三者之超然地位秉公处理，无偏无倚，故其职业道德，以"公"字为第一义。

信，会计师在承办业务时，必须在"信"字上下功夫；对人对事，特别要保持信誉，以建立信用为要件。

廉，会计师承办业务，应该操守严谨，廉洁自重。

密，会计师对于查核账目事项，要为委托者保密，非经其许可，不得对外宣布。

勤，会计师授办案件，事繁责重，必须朝斯夕斯，殚精竭虑。正如韩非子所说"业精于勤"，作为会计师，尤宜奉为圭臬。

敏，会计师承办案件，多有时间性要求，必须按照程序在限期内完成，不能停滞拖延，漫无期限。

3. "三方面"

1983年3月，潘序伦在《谈谈会计人员的职业道德》一文中写道："会计人员职业道德水平高低，直接关系到会计工作能不能做好。""会计这一行工作，从会计人员的地位、作用和工作特点出发，当然也应有它自己的职业道德。"对会计人员的职业道德，从品德、责任和业务技术三个方面进行了论述。

从品德方面看，会计人员应该"遵纪守法，以身作则"；"坚持原则，廉洁奉公"；"忠诚老实，毋忘立信"。在这里他又强调了"人无信不立"，"待人、处事、做事，都要坚守信用"。

从责任方面看，财会人员首先要尽职尽责，按政策办事、按计划办事、按制度办事；其次，要如实反映会计核算内容。与此同时，财会人员还要"围绕提高经济效益这个中心，反对浪费、厉行节约、精打细算，为国家积累更多的资金。"

从业务技术方面看，针对我国改革开放之初会计工作落后且还未被社会普遍重视的现状，潘先生提出，会计人员要在"技术上精益求精，既要有基本功，又要勤奋学习新知识。""要有接受新事物、研究新问题的紧迫感"，"必须勤学苦练，精通专业"，"才能完成党和国家所赋予的职责和任务，不断提高服务效率，在社会主义物质文明建设中作出贡献。"

潘序伦上述论述尽管发表在不同时期，所针对的会计人员层次上也有差别，但是，他所倡导的会计职业道德始终以"诚信"二字为中心，正如他所阐述："会计师应具美德，断难缕述，而诚信二字，最为重要，成功失败之机，实可谓全在于此。"

（二）躬先表率——践行会计职业道德

潘老是会计诚信学说的创始人，也是会计职业道德身体力行的实践者。

1. 爱国敬业

潘序伦先生始终爱国进步、负有使命感,强烈的爱国主义精神贯穿于他毕生的会计事业中。

20世纪20年代,一批爱国人士决心走"实业救国"之路,大力发展民族工商业。上海的民族资本更是处于领先地位。心系国家发展的潘先生看到旧式簿记已经成为当时工商业发展的羁绊,接触过新式簿记的会计人员少之又少,且会计界许多人士都有改革旧式簿记的要求,于是他舍去优厚的待遇,辞去大学教职,建立会计师事务所,以立信为主旨,直接服务国家经济建设。与此同时他与当时的先进教育家一样,主张"教育救国",针对当时国家新式会计人才急缺、青年就业困难等现状,想方设法通过教育促进国家富强独立,解决青年就业问题。他依托会计师事务所,举办会计补习班,培养了大批新式簿记人才。后又创建立信会计专科学校,为社会培养高级会计人才,践行"一心一意为发展我国会计事业奋斗终身"的人生追求。

抗日战争爆发后,潘序伦与黄炎培、邹韬奋、杜重远、陈光甫等进步人士一起积极投身于抗日救亡的潮流之中。潘序伦从会计教育、会计实务和会计出版等方面为促进战时经济发展服务。与此同时他不仅自己捐出钱款支持抗战,还利用自己的专业特长服务抗战救亡运动,他曾担任抗战时期的苏战区救济委员会审计组主任,积极参加为支援抗战发起的募捐活动及募捐钱款的管理工作。

潘序伦从美国留学后回到祖国,有很多大学竞相聘请。他先后担任了上海商科大学教务主任兼会计系主任和上海国立暨南学校(现暨南大学)商学院院长之职。他在大学执教的两年中,工作上兢兢业业,废寝忘食,经常是最后一个离开办公室,在晚上工作快要结束时,不仅会反思今日教学效果怎样,还会提前列出第二天的工作任务。同时,他在教学上也十分严谨认真,对学生要求很高。他尽管日常教务工作繁忙,但是还负责很多核心课程的授课,引进并讲授了西方新式会计,如簿记、成本会计、审计学等。有些课程他是用英文授课,但也通俗易懂,学生从中受益很多。潘序伦在校授课期间,认真负责,潜心教学,培养了大批学生。

潘序伦以高度的责任感投入到"三位一体"的立信会计事业中。在创办立信会计师事务所后,他认真对待所承担的会计业务。每天早上总前三名到达工作岗位,对于所承担查账业务,他总是脚踏实地地认真对待每一笔业务,研究各种适合的方法,与事务所同事一起尽可能将审计工作做好、做圆满。在举办会计补习学校和会计专科学校的过程中,他更是克服重重困难,亲力亲为,筹措钱款,建造校舍,选聘教师。学校建成后,他不仅亲自授课,更是组织编译新式簿记教材,创办会计图书用品社,为培养会计人才、服务实业殚精竭虑、呕心沥血。无论是从事会计实务,还是办学育人抑或是编译出版教材,在各项工作中他都十分敬业,脚踏实地地办好每一项事务,为立信会计事业贡献了全部力量。

2. 廉洁诚信

在会计师事务所工作中,潘序伦秉持诚信理念,公平公正地为客户服务。潘老多次在各种会议上强调"立信"会计思想,坚持把诚信思想作为事务所企业文化的核心,要求事务所会计师必须遵守"立信"的道德规范。在处理外部业务上,他严格要求会计人员不应该为了业务委托,造假账或出具虚假的财务报告。随着信誉的逐渐建立,再加上当时国民政府出台的《会计法》《营业税施行细则》《公司法》等法规的襄助,事务所的业务越做越规范,业务范围也越来越大,不仅涉及很多中型企业的查账工作和会计顾问工作,还接受了上海公共租界工部局(当时上海公共租界内的最高行政机构)和所属中小学的查账业务。

在会计师事务所内部管理方面,潘老也恪守立信精神。比如,事务所的全部账务全都公开透明地以会计列表的形式公布出来。这种科学的管理方式,增强了同事们的凝聚力,全体同仁尽心工作,互相帮助,毫无怨言。正是潘老以建立信用为主旨,处理好事务所内外部业务关系,才使事务所业务发展迅速,客户日益增多,先后为中外工商企业提供注册登记和查账清算等服务,使立信会计师事务所成为当时影响较大的事务所之一。

在培养会计人才方面,潘序伦也是贯彻诚信思想,以"认真"二字为主导。他要求老师认真备课、认真讲课、认真批改学生作业;对学生,他高标准,严要求,学生考试成绩达到70分才算及格,严禁考试作弊行为,否则一经发现立即开除。立信学校的很多毕业生一毕业就能迅速找到工作，这在当时失业率很高的社会状况下十分难得，也在一定程度上反映了社会对"立信"品牌的信任。

潘序伦先生积极倡导廉洁俭朴的工作方式，他规定过年过节立信同仁不要给他拜年送礼，工作上更是不接受业务委托人的任何好处。

3. 勤俭节约

潘序伦在哥伦比亚大学攻读博士学位期间，全身心投入学业，在生活上十分节俭。他每月留学津贴80美元，花销不到50元，剩下的钱用来买书和寄回中国补贴家用。投身工作后，尽管有了不错的收入，他仍然坚持精打细算，反对浪费，强调勤俭办一切事业。他在回忆举办立信会计补习学校时写道："我历来提倡节约，讲究精打细算、勤俭办校。无论在上海、重庆，还是在桂林、天津，开始时都是租用中小学夜间的空闲教室上课；或利用机关、团体、企业的房屋，和他们合作办学。""房租、水电和办公用具都是处处节约，精打细算，因而学校经费每期都有节余。"① 潘老在生活上对自己严之又严，但在对立信会计事业的发展上，他倾其所有，无私奉献。在立信会计事业发展过程中他多次慷慨解囊，捐钱捐物。在创立立信会计专科学校时，为了建设校舍，他将自己历年积蓄的钱财全部捐出。年近九旬时，他和夫人多年的积蓄不为私用，不留子女，全部奉献给我国的教育事业。

---

① 潘序伦.潘序伦回忆录[M].北京:中国财政经济出版社,1986:35

4. 业务精湛

业务本领过硬，在技术上精益求精，不仅是潘序伦对会计师的职业要求，也是他自己一生奋发进取的目标。

在美国哈佛大学攻读硕士学位期间，潘序伦"放弃了一切游览娱乐"，勤学苦读，奠定了扎实的会计学基础。在哥伦比亚大学攻读博士学位时，更是"把学校的图书馆作为自己的自修室"，从早到晚"泡"在其中，广泛阅读英、美、德、奥各学派的经济书籍，仅用1年时间就写出了高质量的博士论文——《中美贸易论》，并顺利通过答辩，获得博士学位。

在专业上，潘序伦一生孜孜以求，勇攀学术高峰，活到老，学到老。他在会计学、审计学专业方面，造诣颇深，著作等身，并且对财政、金融、税务、经济管理等多个领域都有很深的研究，是一位集大成的专家学者。据不完全统计，他撰写并出版的著作（译著）教材有50多部，论文及文章260多篇。其中最具影响力的著作《会计学》有百万字之巨，内容精深，影响深远。《为讨论"改良中式簿记"致徐永祚君书》一文更是会计学界的扛鼎之作，系统阐述会计改革的会计学术思想。他力主并引进西方先进会计思想，推动了旧式簿记改革，受到学界广泛重视。"这些学术成绩使他成为'新式簿记的创始者''会计理论研究的引领者'"。① 图2-4是潘序伦先生在办公室的工作照片；图2-5

---

① 邵勃.潘序伦:知行合一践行职业道德精神的会计学家[J].会计师,2020,329(02):87-88.

是潘序伦先生老年时期仍在勤奋工作的照片。

图 2-4　潘序伦在办公室

图 2-5　潘序伦老年时期工作照片

四、治理假账

潘序伦对会计行业的造假行为深恶痛绝，主张对假账问题要进行有效治理。他的假账治理理论是其会计诚信思想在会计审计中的具体应用。

做假账是会计与生俱来的现象，是会计行业长期存在的顽疾。从过去到现在，从国外到国内，财务造假行为与后果一直是困扰经济和社会健康发展的现实问题。财务造假的存在与危害归根到底是会计诚信缺失，不仅会给企业所有者和经营者带来致命伤害，甚至有可能给社会带来灾难性后果。正如潘序伦所说："吾辈会计员受人重托，担任金钱财产之记录保管及管理工作，设稍于信字有亏，则不仅本人名裂，亦将贻害社会"。①

会计诚信缺失是国际性的难题。美国的安然公司、安信达、环球航空公司破产案，曾经震惊中外，这些昔日风光无限的知名企业一时间跌落神坛。2008 年，引爆世界金融危机的雷曼兄弟破产案，其中很大一部分原因均源于其严重会计造假。国内琼民源、郑百文、银广夏等破产

---

① 潘序伦.敬告国内有志于会计职业之青年[J].立信月报，1940，3(7):7-8.

案同样是会计造假的典型案例。乐视网2007—2016年连续十年财务报告无一不财务造假，财务造假时间之长令人瞠目结舌，期间利安达、华普天健、信永中和会计师事务所出具的年报审计意见均为无保留意见的标准意见审计报告，仅2016年带有强调事项。2022年，中国证监会公布了20件典型违法案例，其中胜通集团连续5年财务造假，累计虚增利润119亿元，胜通集团及参与该公司财务造假的四家中介机构相继被处罚。纵观中外市场经济的发展历史，财务造假、会计信息失真、会计诚信原则丧失是治愈难度很大的国际通弊。

无论是国外还是国内，政府或会计专业协会都在积极推动公司治理和内部控制，以期遏制会计造假，提高会计信息质量。我国的会计法和会计准则制度，对会计的真实性进行了规范，会计的真实性是会计工作的生命。2002年11月，时任国务院总理的朱镕基在第十六届世界会计师大会开幕式上提出："在现代市场经济中，会计师的执业准则和职业道德极为重要。诚信是市场经济的基石，也是会计执业机构和会计人员安身立命之本"。然而，直到今天，我们仍然时常被屡禁不止的财务造假问题所困扰，治理财务造假任重而道远。因此，研究潘序伦的会计诚信思想在实践中的应用，传承会计诚信文化，对于我国会计事业的健康发展有着重要的理论意义和现实意义。

潘序伦很早就注意到丧失诚信原则的危害，对财务造假问题有着清醒的认识和深刻的思考，专门撰文探讨假账治理问题。他所撰写的《假账问题》一文发表在 1945 年 5 月的《文化先锋》期刊上，对假账的危害、造假目的、假账的原因及假账治理方法等进行了系统的阐述。

潘序伦治理假账的思想正是诚信思想在会计审计领域的应用与深化。他治理假账的主要论述包括以下几方面。

（一）假账的危害

在治理假账的论述中，潘序伦首先从文化的角度分析了假账的危害。中国的传统文化讲求"礼义廉耻"，强调诚信，而西方文化的入侵，影响了中国的固有文化，给中华民族带来很大的危害。潘序伦认为，做假账违背礼义廉耻，危及中华文化，甚至会加重民族危机。假账问题"毒害社会、破坏道德、腐蚀文化"，要挽救中华民族危亡，必须要恢复中国固有的道德与文化，解决假账问题。他告诫人们："我们现在如果不尽快考虑假账问题，同时谋得彻底地解决的话，那么，礼义廉耻谈不上，文化之邦也大成问题。"①

（二）假账的目的

潘序伦指出，账目造假的目的就是欺骗他人。进而他分析到："在以前，造假的目的，不过是欺骗债权人，欺骗股东或董事会，欺骗主管人员，而目前的造假，则在欺骗政府。"欺骗政府的目的"一是逃避捐税；二是逃避管制。"文中所说的"以前"，是指 1936 年以前，民国政

---

① 潘序伦.假账问题[J].文化先锋,1945,5(14):3-8.

府还没有实施所得税法。国民政府在1936年颁布了《所得税暂行条例》并开始实施，这是一种直接税法。之前政府对于企业主要是实行的营业税及各种消费税，营业税和消费税是按照营业额征收的一种间接税，在物价上涨时，商人可以通过提高商品价格将税负转嫁给消费者。而所得税开征后，政府按照企业所得额征税，商人不像以前那样能够轻易转嫁税负，因此就通过造假减少账面利润以达到逃避税负的目的。正如潘序伦所说："实施直接税制以后，政府照所得额征税，商人为了减少纳税数额起见，便发生假账现象。"

（三）假账的原因

潘序伦根据造假的不同目的分别分析了商人做假账的原因。他认为：首先，欺骗债权人的占少数，向银行贷款，银行虽然要看提供的决算表，但是银行最终是否贷款给企业还是要看抵押品。其次，欺骗股东和主管的也是少数，在生意难做、盈利不佳的情况下，经理为了保饭碗，会在账面造假，欺骗股东。但是在赚钱时，经理没必要欺骗股东，经理和股东是合二为一的。最后，目前欺骗政府的最多。"凡是假账，不管他想欺骗谁，其目的完全是自私自利，完全是为了多赚几个钱。"这是假账原因"自利说"。

潘序伦认为，虽然造假账是不道德的，但有时也有不得已的苦衷。例如，公务员报销差旅费，按规定发放的旅费补助和实际开支相差太远，出差者可能会通过多报几天出差来做些弥补，会计主管或会计职员也往往为顾全事实起见而睁只眼闭只眼。又如私家银行和钱庄，政府规定的利率和黑市相差太远，如果不造假账可能会导致关张歇业。又如工商界，企业某年赚钱较多时，担心把真账目公开后，股东要求分息，职工要求分红，政府自然要多征税，万一下年时局紧张，或者物价暴跌，有可能导致企业经营不下去，所以就想通过账面造假留有余地。这是假账原因"非自利说"。

潘序伦还根据当时的外部环境分析商人造假账可能是为了保全自己。国民党统治时期，20世纪40年代出现物价高涨的局面。这种状况下，工商界所赚的钱只是一种"浮利"，许多企业可能表面上赚钱，实际上是亏本。对这种情况潘序伦还举例说明："比如某商人以一百元买进一双玻璃杯，隔相当时期后以一百五十元卖出。从表面上看，他已经赚了五十元钱，但是当时产地价格已经上涨到一百六十元，商人便不能以所得再买进货。这样就等于亏了本。至于运费、伙食、薪金、铺租、税额等项还没有算进去，否则亏本更多。"在物价飞涨、税负沉重的情形下，工商界会捏造假账，逃避赋税，其动机是为了保全自己，这是造假原因"自全说"。

潘序伦认为造假账的根本原因在于：一是物价上涨；二是直接税政策不够完善，税负过重。物价如果涨得不那么快，成本和利润很容易算出来，再生产的价格也不至于早晚不同，工商企业可能就用不着花费那么多精力去捏造假账。"在目前情形下，假账完全是物价暴涨发生的一种现象，物价管制不了，假账总是无法铲除。"1936年国民政府颁布实施《所得税暂行条例》后，按盈利所得征税，造假账的技术是尽可能减少盈利。1944年颁布《直接税简化稽征办法》后，由各行业公会拟定一个标准经政府核定后，税务部门根据其标准以工商企业每年所缴营业税额的多少去定所抽的税额，这样造假的技术就转移到尽量减少营业额。潘序伦指出："参考我国直接税率，在数字方面观察，确不能谓之过高，但在目前物价迅速上涨之时，确有使各业难于负担之势。良以商人决算，名义上无不盈余数倍，按之实际，则资产在无形中既逐年减少，生产力亦逐年消失。一旦战时终了，物价骤跌，则各业之亏损破产，定成为经济社会上之普遍现象。"归根到底还是由于物价暴涨、税负过重才使商人更趋向于造假逃税。

（四）假账的治理

在分析了假账产生的目的、原因以及危害之后，潘序伦从四个方面提出了治理假账的对策和建议。

第一，会计师不核假账。会计师的任务是防止假账，维持社会信用，"应该从积极方面劝告大家、干涉人家造假"。在《当今会计人员对于国家社会应尽之职责》一文中，潘序伦从支援抗战的角度讲到："目前抗建工作中最重要经济的工作不外为（1）增加国家税收，（2）节省国库靡费,(3)管制工商,(4)限制物价等几项"。"若得我们会计人员的赤心协助,决不难顺利推行,达到完满的目的"。他向会计人员提出要求:"不怕外界的威胁、不顾私人的利害,秉着革命牺牲的精神,来伸张会计的正义",不核假账,对国家社会尽到职责。这样,"国家税收必能大大增加,对战时财政社会金融亦大有裨益",同时"国库许多不正当不必要的支出,定可一扫而空"。潘序伦向国内会计人员和立信会计同仁发出恳切呼吁:"我们务要不为威屈,不为利诱,不造假账,不隐弊端","扫除营私舞弊,增进国民道德"。①

第二,工商界不做假账。潘序伦认为尽管现实中物价暴涨、税率不低,但是为了抗战胜利、民族生存,工商界多交税也是对国家和社会的贡献,所以他倡导工商界不做假账。

第三,发动舆论制裁。"假账是一种欺骗,是不道德的,良心不安的,为社会所不齿的,因此对假账要发动舆论制裁。"潘序伦认为,信用对工商界人士来讲是比较重要的,他们不愿意丧失自己的信用,尤其不愿意公开地丧失自己的信用。工商界人士造假账,如果是仅丧失一个人或少数人对他的信任,他可能不怎么顾忌;但是如果公之报端,使大家都知道其造假账行为,这有可能使他们丧失全部信用,这种威胁对他们最大。因此,发动舆论制裁是一种有效的纠正造假账的方法。

---

① 潘序伦.当今会计人员对于国家社会应尽之职责[J].会计知识,1943,2(1):1-3.

第四，稳定物价、修改税制。潘序伦认为，尽管当时绝对稳定物价不大可能，但是物价稳定和修改税制才是治理假账之本。只要物价稍微稳定，造假账现象可以大大减少。与此同时，治理假账还需要修改税制，他还就抽税制度给予具体建议："那一种货品的涨价程度高于物价指数时就多抽点税，低于物价指数时，就按实际情况，或者少抽，或者不抽。如果能做到这一点，假账便可以大大减少"。

潘序伦从会计行业角度提出会计师不核假账，从工商业角度提出不做假账，从社会角度提出发动舆论制裁造假账，从政府角度提出稳定物价和修改税制。这是他对治理假账全方位分析基础上的四维构想，形成了治理假账的系统方案，该构想既有对会计师和工商界人士个人诚信的要求，也有对政府和社会营造信用文化和环境的要求。这一治理方案是潘序伦诚信思想在那个时代会计审计实务中的实际应用，也体现了潘序伦审计思想的创新。

五、会计诚信思想的创新特征

潘序伦是会计诚信思想的首倡者，其创新特征主要体现在以下几个方面。

第一，会计诚信思想将我国传统文化的精髓——"信义"引入会计之中，赋予了会计深刻的思想内涵，使"立信"成为会计事业的根本性原则。

第二，会计诚信思想将西方的契约文明"嫁接"到会计之中，使中国现代会计符合工业文明发展的需要，引导我国会计事业向新的方向、有效的方面改变。这也契合了"创新的关键就是改变"这一重要创新理念。

第三，潘序伦在半个多世纪的时间里，针对不同对象多次在讲话、报告和文章中阐述关于会计诚信尤其是关于会计职业道德的重要思想，该思想具有承传不绝、始终如一、逐步成熟的特点。专注是创新的基本原则之一。

第四，潘序伦的会计诚信思想特别是会计职业道德思想具有显著的崇尚实用的特点。思想创新不仅需要才能、智慧和丰富的知识，还要靠目的明确的艰苦工作。[①] 古人云：与其坐而论道，不如起而行之。他不仅自己一生始终坚持诚信为本，操守为重，而且通过多种途径广泛传播会计诚信思想，将道德教育贯穿到会计职业教育的全过程、融入对会计执业者的具体要求中。

---

① 彼得·德鲁克著，何缨，康志军译. 德里克论管理[M]. 机械工业出版社，2019：80.

第三章

潘序伦
会计改革思想与创新

20世纪初,辛亥革命推翻了封建专制统治,为中国资本主义发展扫除了制度障碍,民族工业得以快速发展。随着工商企业数量的增加和生产经营规模的扩大,近代中式簿记曾在商行、票号的发展中发挥了重要作用,但是它根植于农耕文明的土壤,这种传统的单式收付记账方法显然已经不能适应以社会化生产、交换为特点的工业社会经济运行下企业核算之需求。"用毛笔楷书直写的那种上收下付、项目又颇为简略的中式簿记,面对日趋繁复的财务活动,已经显得力不从心。古老的会计事业,遇到了新的问题,会计的发展已处于关键的十字路口。"[①] 会计改革势在必行。潘序伦在美国完成学业后回国,恰逢我国会计事业发展的这一关键时期,他以国家和社会发展的需要为己任,积极投身于改革大潮中,不仅成为引进西方会计的旗手,也在改革浪潮的激荡中形成了具有深远影响的会计创新思想。

---

① 罗银胜.潘序伦会计学术思想述评[J].云梦学刊,2009,30(02):12-16.

一、两种会计变革思想大讨论产生的背景[1]

20世纪20—30年代,大批仁人志士呼吁和推动民族工商业的发展,力图实现实业救国救民,改变中国积贫积弱的落后局面。当时的知识界和实业界涌动着澎湃的改革和改良思潮,会计学者也立志推动中国传统会计革新,以达到更好地服务和改善国家财政状况、促进实业发展的目的。这场轰轰烈烈的中式簿记革命浪潮产生了不同的观点和认识,其中最著名的是以徐永祚为代表的会计改良方和以潘序伦为代表的会计改革方,双方关于改良中式簿记和引进西式会计、改革中式簿记的大讨论,对我国现代会计的产生和发展产生了极其重要的影响。

1918年,徐永祚在他担任主编的《银行周报》上开设会计研究栏目,开始了会计簿记研究。1927年,国民政府建立后,民族工商业快速发展,促进了会计变革的步伐。徐永祚及同仁围绕簿记革新问题不断发表论文。徐先生被频繁邀请到经济团体和高校进行演讲,他们的研究

---

[1] 在我请郭道扬先生为本书写序的过程中,谈到20世纪初潘序伦与徐永祚之间关于会计变革的话题,郭先生建议应从尊重历史、尊重两位先生彼此之间深厚的友谊的角度,一是不要说"争论",应说"讨论"为宜;二是不要定性为"改良派""改革派",应描述为"改良方""改革方"为宜,我在本书中基本上都采纳了郭先生的建议。

——作者注

成果引发学界的关注，逐步形成了改良中式簿记运动。1933年，徐永祚编写出版了《改良中式簿记概说》，在学界和实务界产生了很大影响。

徐永祚是当时会计革新的积极倡导者和推动者之一，以他为代表的学者们"主张保存中式簿记的核算形式，将西方借贷簿记的原理原则融入中式簿记中进行改良"①，因此历史上称之为"改良中式簿记派"。以潘序伦为代表的学者们则主张全面引进西方会计，采用借贷记账法，根据中国国情，采用西方会计思想改革中式簿记，史称"引进西方会计的改革派"。双方虽然都力主应该尽快改进中国会计制度，以适应工商业企业的现实需要，但是在改革思路和方法上却有着不同的观点和主张，分歧较大。双方分别著书立说，阐明各自的理论与方法体系，形成了20世纪20—30年代的一场关于中式会计改革之大讨论。两种观点之间的讨论是围绕簿记改革的相关问题展开的，主要是讨论簿记改革的理论依据和方法体系等。双方在讨论中阐明各自的观点，坚持自己的主张，而事实上，也吸收了对方的一些有益的思想，丰富了双方的学术体系，推动了中国现代会计理论与实践的发展。

---

① 刘常青.20世纪30年代我国会计界的主要学派及其争论[J].河南师范大学学报（哲学社会科学版），2005，(5):63-66.

二、徐永祚中式簿记改良思想

为了更好地理解潘序伦的会计改革思想，需要对改良方的主要观点予以了解。

徐永祚所著《改良中式簿记概说》一书，全面阐述了他的中式簿记改良思想，他认为：中式簿记"不仅在形式上，有维持之价值，即在实质上，更有保存之可能"。该书首先阐明了中式簿记改革的前提：簿记是一种科学，应该采用科学方法复式簿记原理；簿记是一种实用科学，应该结合实际运用；簿记是一种经济科学，应该符合经济原理，降低成本，提高效率。

《改良中式簿记概说》提出了十条改良大纲。第一，"改良中式簿记，必须采用新式会计与复式记账之原理原则，凡中式簿记法中理论及效用与复式簿记法相符合者，仍旧沿用"。第二，簿记书写可以按照中国的旧时习惯采用直写方式而不必改为西方普遍采用的横写方式，认为这只是中西方的书写习惯不同而已。第三，主张改良后的簿记记账方法仍沿用现款式收付记账法，"即日记簿所记各科目之收付，过入总账中并不反其收付，而现金科目本身之收付总数，过入总账时，须反其方向。"中式的收付以现款为主与复式的借贷以科目为主的差别，仅在于创建记账法之人的见解不同，没有优劣之分。第四，中式簿记中的四柱结算法与复式簿记中的试算平衡法相比功用较大，因而更优，主张保留四柱结算法。第五，中式簿记总登记的数字，除广式簿记用数字外，其余均用全字写。与西式簿记中使用阿拉伯数字书写相比，这种记载方式虽然比较麻烦，但不易被修改。第六，中式账簿分上下两栏，记载收付不一致，且没有注明页码，查阅核对难。因此主张仿照复式簿记，将各账簿订定格式，编定页码，每本账簿均附详细的登记方法。第七，中式簿记使用戳记，这与西式簿记中使用对号、双线和斜线的原理相同，主张保留。第八，中式簿记记账时不分项目，过账时转入项目也比较随意，致使账目混淆不清，不易勾稽核对。因此主张依照复式簿记，确定账户名称，并确定适当的分类。第九，中式簿记没有系统和有秩序的组织，不能很好地表现财务状况和经营成果，因此主张参用复式簿记，严密规定逐步的组织程序。第十，中式账簿的记账方法没有固定规则，因此记账秩序不稳，主张依据复式簿记，订定记账规则。

三、潘序伦会计改革思想

潘序伦在哈佛大学修读企业管理硕士学位期间，系统修读了会计学科的课程，如初级会计学、高级会计学、成本会计、银行会计、政府会计、会计制度设计等，对于西方会计学理论体系有着比较深刻的理解；

通过会计师事务所的工作他直接接触当时民族工商业的前沿业务,对时代赋予会计的新要求有着切身的感受。因此,潘序伦顺应历史潮流,根据当时的中国国情和西方会计学的发展成果,主张引进西方会计理论与方法来改革中国传统簿记。

潘序伦对徐永祚的改良大纲中大部分内容有着不同的理解和看法,针对改良方的观点,他撰写了《为讨论"改良中式簿记"致徐永祚君书》一文,发表于1934年第5期的《立信会计季刊》上。论文详细阐述了自己的观点,反映了他的会计改革思想。

1. 关于"中式簿记"与"西式簿记"之称

潘序伦对《改良中式簿记概说》第一条"改良原则"中提出的"凡中式簿记法中理论及效用与复式簿记法相符合者,仍旧沿用"观点不赞同。他指出:关于"中式簿记"与"复式簿记"的区分不妥当,"风俗习惯固有所谓中西之分,而科学上之原理原则,则不应有中西之别。""若在科学之立场论之,簿记只有'可以结算损益之簿记与无从结算损益之簿记'、'以人名账为主之簿记与不以人名账为主之簿记'、'以现金为主之簿记与以财产为主之簿记'、'单式簿记与复式簿记'等区别。"潘序伦还以中外会计实践说明中国的老式"单式簿记"在英美诸国的小商店之类的一般组织经济中也有使用,而所谓的西式"复式簿记"在我国钱庄、当铺、票号等规模较宏大、组织较完备的商号中也已经使用。因此不应该将"中式簿记"改良后与"西式簿记"对立起来并各自成势永远发展下去，应该按照科学原则将两者统一起来。这与后来我国 20 世纪 80 年代末至 90 年代初的会计制度改革时期"与国际接轨"思想很是相似。

2. 关于簿记的书写方法

徐永祚在第二条改良大纲中主张簿记书写要沿用中国旧习，不用横写而用直写，即"按我国账簿之素采上下书篇"。潘序伦反对这一主张，他认为，会计使用多栏数记账方法，若直写会使账簿过高，记账和看账都不方便，无论是记账还是过账，横式书写都更为简便。"在大规模之企业组织，账簿之记录甚繁，必须应用种种专栏，以便计算金额之总数，而求过账工作之节省者，则似不可以'保存国粹'之虚名而坚主直写。"对于坚持中式簿记直写不能满足多栏式账簿的弊端，徐永祚提出可使用"账簿分割法"来代替，"其分割皆有一定标准与系统"，"故其组织能集合至最简，分化至极繁，较诸西式簿记之尤过之"，"能应事业规模之大小，账目收付之繁简"。潘序伦则认为"账簿之多栏，实为簿记上一大进步"，放弃多栏式账簿而采用分割式方法，对于具有复杂业务的大规模组织簿记，可能导致分割账册过多，既不方便，也不经济。

3. 关于记账方法

对徐永祚改良大纲第三条中主张仍沿用过去的现款式收付记账法之改良措施，潘序伦最为反对。他认为，以现金收付为记账基础，如果对现金交易进行账务处理，这种方法比较方便，但是如果是非现金交易或转账交易的应收应付，与借贷记账法相比，则复杂而又困难。以前企业尚不发达时，财产多以现金为主，使用现金分录法尚无不可，而目前企业财产日趋复杂，不能主要考虑现金一物，"以现金为主之簿记方法，在他国原已使用者，无不逐渐淘汰，改以科目为主。""现在世界商业习惯，日趋大同，吾人正应提倡一致之方法，以求彼此业务上之便利。"潘序伦强调："若再以提倡现金收付为记账之基础，在学术上恐须受开倒车之讥，在科技进步之今日，岂相宜乎？"潘序伦坚定地认为：我国的簿记革新应该采用世界多国通用的借贷记账法。

4. 关于"平衡试算法"与"四柱结算法"

我国唐宋时期发展起来的四柱结算法使用的平衡公式是：旧管＋新收－开除＝实在，相当于现在的期初结存＋本期收入－本期支出＝期末结存。试算平衡是指根据借贷记账法的记账规则（有借必有贷，借贷必相等）和资产与权益的恒等关系（资产＝负债＋所有者权益），通过对所有账户的发生额和余额的汇总计算和比较，来检查账户记录是否正确的一种方法。检查的内容包括：（1）全部账户本期借方发生额合计＝全部账户本期贷方发生额合计，即本期发生额试算平衡；（2）全部账户借方期末（初）余额合计＝全部账户贷方期末（初）余额合计，即期末与期初余额试算平衡。

徐永祚的改良大纲第四条主张中式簿记仍要采用四柱结算法。他认为该方法比西方复式簿记方法中的平衡试算法更好，"四柱结算表，较之通常之试算表，可以表示较多之事实，故功用较大"。潘序伦对此观点也不赞同并指出："四柱结算表格式，除以现金为记载之基本外，其原理与通用之试算表，无甚区别。""普通试算表之主要作用，原不过在检查过账工作之有无错误而已，并非赖以表示企业之财政情形与营业之过程也。"潘序伦对两种方法进行了对比分析：四柱清册并不将负债列入，平衡试算法所设计的试算表从现实上看可以使用更多的栏目，从内容上看不仅能表现收付借贷的情况，同时还可以显示资产负债与损益的情况，"其功效更大"，四柱结算表格式"其实不过为试算表之一变形耳"。因此，潘序伦坚持认为，我国的簿记改革应采用试算平衡方法，这种方法在会计实践中能更好地灵活运用，"试算表结算表之栏数及格式，本无一定，有时简单，有时繁复，是在应用之者之善于随机应变，以期适应而已。"

5. 关于改革目标

对于当时的会计改革目标，改革方与改良方也有着不同的观点。徐永祚认为，中式簿记"以其行使之广，历史之久，愈觉其势力之大，基础之固，绝非西式簿记所能取而代之"[①]。1933年12月，徐永祚为了推行其改良后中式簿记的应用致函上海商会，其中写道："吾国现行簿记，分别为中式与西式两派。西式簿记，或称新式簿记，记账方法都用横式，纸张笔墨，仰给于舶来品。账理账法，多拘泥于西习。虽

---

① 刘常青. 20 世纪 30 年代中国会计界的会计改革思想[J]. 河南师范大学学报(哲学社会科学版), 2009, 36(5): 109-110.

文字可用华文，而数目必须用阿拉伯字记载，其制度及技术，与中国固有习惯，相距太远。不特仿效匪易，或治细而益紊，仰且费用浩大，将显末而忘本。中式簿记，或习旧式簿记，账簿为直式，纸张笔墨为国货，账法账理，习惯已久。"① 从上述表述中可以看出，改良方的目标是确立中式簿记的地位，将"中式簿记"的方法在我国会计界长久使用下去。

潘序伦则认为："'改良中式簿记'似只能认为改良簿记运动中之一种过渡办法，而不可视为有学术上之价值"，"近来我国各界对于簿记之术，逐渐进步，中外一致，转瞬可期，而吾兄于改良簿记进行顺利之时，特别提出所谓'中式簿记'者，加以改良，以求其与所谓'西式簿记'者永成对抗并立之势，是则与'科学统一'之原则，似有不符也。"改革方中的顾准在其《评徐永祚改良中式簿记》一文中表达了更为鲜明的观点："改良中式簿记只是在改革的过渡时期暂时的措施，决不能永远适用。我们必须继续努力，使借贷理论得以普及，而将收付簿记永远废除。"

以潘序伦为代表的改革方和以徐永祚为代表的改良方，双方立场当时都是对我国传统簿记进行革新，在主张复式簿记、采用复制记账法记账规则并开设账户、订定账簿格式等问题上有着一致看法。但是，在"中式簿记"和"西式簿记"之分，是否以现金为主记账，是因袭传统

---

① 魏文享.上海商会与1930年代的改良中式簿记运动[EB/OL].(2017-07-18)[2023-5-30]. https://www.aisixiang.com/data/105261.html.

采用直写记账还是采用多国通行的更为适合现代会计的簿记横写方法，坚持四柱清算法还是采用更为科学的多栏式记账法以及试算平衡法等这些会计改革至关重要的问题上，改革方与改良方有着不同的立场。潘序伦以科学理论和经济适用为出发点，详尽、系统地阐述了自己的会计改革观点与思想。以潘序伦为代表的改革方这一时期的会计改革思想是在与徐永祚为代表的改良方的讨论中逐渐发展和成熟。

四、会计改革实践活动

无论是从新式簿记的观念普及，还是会计制度的选择，簿记革新都是一项极为艰巨的工作，也需要一场簿记启蒙运动。这一时期会计革新的倡导者无论是改良方还是改革方，不仅著书撰文，阐述各自的簿记革新思想，而且采用多种方式推动各自的改良或改革方案在实践中应用。

（一）传统中式簿记中的"四脚账"

为了更好地理解这一时期的中国簿记革新运动，需要对中式传统簿记有所了解。

中式簿记是指在当时实际应用中最为普遍的上收下付单式簿记。传统中式簿记并无统一的记账方法，早期应用较广的是四柱结算法或称四柱记账法，账目分旧管、新收、开除、实在四项，其特点为上收下付，现金记账。后来由于西式簿记的引入，受复式借贷记账法的影响，中式簿记法在近代逐步演化出"龙门账""四脚账"等复式账法，应用范围并不普遍，格式也不统一。

清末民初中式簿记使用较多的是"四脚账"，它是一种复式记账法，采用的是"以现金为主的记录法则"。具体做法是：① 凡往来转账经济事项，如赊购、赊销商品，外欠、外借账项的处理与冲转等，要求在相关账簿上同时记录两笔，一方登记来账，另一方相应登记去账，遵循"有来必有去，来去必相等"的记账规则。② 凡现金收付事项，如商品的现买和现卖、各项费用的开支等，只记现金的对方，而现金方面则暂时不记。期末在"日清簿"上采用结现的办法和在"银清簿"上采用"流水结存"法，结算出本期库存现金的余额，参加总簿或结册结账。

"四脚账"编制的会计报告称为结册，主要有两种形式："彩项结册"和"存除结册"，前者用于反映企业的经营活动过程及其结果，后者用于反映企业资本来源与资本占用状况。从这两个结册的性质看，分别可以对应于西式簿记的"损益计算书"和"资产负债表"。两种会计报告编制所要达到的目的不同，"彩项结册"用于计算盈亏，"存除结册"用于平衡账目，以达到勾稽账目之目的。两者之间存在着有机联系，前者是后者的基础，而后者的平衡对于前者又起到验证作用。

该簿记方法实行账账、账册一贯到底的账项记录原则，由流水簿到总簿，由总簿到结册，其记账内容不变、记账方位不变，各类账目之间的结算关系也不变。"四脚账"在结账与平账方面传承了传统"四柱结算法"的基本原理，突出地体现了中式会计特色。同时，该账法有着与西式复式簿记方法相同的基本原理，被我国会计学界称为"中国固有的比较成熟的复式账法"。但是，"四脚账"与西方的借贷复式簿记相比，还存在着账簿组织不够严密、会计核算项目设置不够科学、账户体系不够健全、会计凭证设计不够完备、账页和结册的格式过于简略、基本账务处理比较繁琐和杂乱等诸多问题。

（二）改良方的改良实践推广

徐永祚也是这场簿记启蒙运动的先锋和主力之一。徐永祚主张引西式簿记之长补中式簿记之劣，改良后中式簿记可以与西式簿记并驾齐驱，服务于不同的应用对象。并根据会计革新思想结合工商业实际，设计了多种账簿和表单格式。他认为，簿记改良理论传播不可仅限于学术界，改良中式簿记是否为广大工商业者所接受关乎改良之实效与成败。在完成《改良中式簿记概说》一书后即向实业界寻求支持，1933年12月，徐永祚致函上海市商会，详细阐述了其簿记改良理论与做法，在商会的支持下，举办了改良中式簿记讲座和实施方案及账簿示例展览。徐永祚的讲演不仅在上海商界，而且在整个舆论界都产生很大影响。而后徐永祚又与商会合作举办多期会计人才培训班，以此来推动改良中式簿记在工商界的应用。

（三）改革方簿记内容体系的设计

潘序伦所代表的改革方主张以西方会计思想来改革中国传统复式簿记，除形成了系统的会计改革思想或学说理论体系外，还对新的簿记内容体系包括会计凭证、会计科目、账簿组织、会计核算组织及会计报表等进行了比较完整的设计。

1. 会计凭证的设立

潘序伦为了能够比较清楚地反映工商业企业的经济业务，借鉴西式簿记内容，系统地设计了不同种类的会计凭证。他把会计凭证明确地划分为原始凭证和记账凭证两大类；又将记账凭证分为收入传票、支出传票和转账传票三种；进一步将转账传票分为借方转账传票和贷方转账传票。

2. 会计科目的设置

在借鉴西方会计科目设置的基础上分析反映当时中国工商业财务状况的实际需要，潘序伦采用财产账系（包括资产账户和负债账户）和资本账系（包括资本账户）的二账系分类法，将账户分为资产负债表账户和损益表账户两类，其中资产负债表账户包括资产类、负债类和资本类三类账户；损益表账户包括收益类和损失类两类账户。这样设置账户的优点在于：一是能反映企业经济活动的基本规律，二是能清晰地反映资产、负债与损益之间的内在联系,三是便于编制资产负债表和损益表。改革方还在此基础上根据各行各业的情况设计了不同的会计科目和账户分类体系。

3. 账簿组织

在账簿组织方面,潘序伦区分企业业务的不同特点与需求,既借鉴大陆式"以分录簿、总簿为主,以辅助簿为辅"的账簿组织体系特征,也借鉴英美所采用的"汇总原始凭证记账、将业务过多的分录簿记录升级为与分录簿同级的特殊分录簿、采用多栏式账页以及在总账内设置统驭账户来统驭明细账"的做法,设计形成了"官厅会计采用大陆式账簿组织体系与民间大型企业采用英美式账簿组织体系的两者并存的体系"①。

4. 会计报表

潘序伦引进西方会计的报表体系,以资产负债表和损益表取代了我国传统簿记中使用的"存除结册"和"彩项结册"。

5. 会计核算组织

潘序伦在对传统簿记中证、账、表格式与内容进行改革的基础上,设计了更为科学的会计核算组织体系或称账簿组织体系,即使用"原始凭证→记账凭证→日记账→分类账→总账→两表(资产负债表、

---

① 刘常青.中国企业会计准则思想发展路径的考证(之一)——中国企业会计准则思想发展的背景[J].郑州航空工业管理学院学报,2009,27(05):113-119.

损益表)"的新体系取代了我国会计原有的"草流→流水簿(或称为细流)→总清簿→结册(存除结册、彩项结册)"的账簿组织体系。

潘序伦为代表的改革方在新式簿记体系的设计中,对我国传统会计的中式账簿体系进行了比较彻底的改革。

(四)改革方的改革实践推广

潘序伦所代表的改革方对其会计改革思想进行了积极的宣传和推广,并身体力行地按照所设计的新式簿记体系推进会计实践。潘序伦创立的会计师事务所、会计学校、会计图书用品社三位一体的立信会计模式,有效地扩展和践行了改革方的会计改革思想,拓展了新式簿记在工商界的应用,对我国现代会计的发展产生了深远的影响。

1. 立信会计师事务所成为会计改革的先锋

20世纪20年代末潘序伦成立了立信会计师事务所,这是我国历史上最早成立的会计师事务所之一。立信会计师事务所成立时,正是中国民族工商企业发展的黄金时代。服务对象主要是新兴的民族工商业和中外合办企业,从1927年事务所成立到1935年就承办了4 600多个案件;其后更是为数以千计的企业、机关、团体办理了数以万计的案件。在抗日战争时期及抗日战争胜利后,潘序伦在桂林、重庆、南京、广州、天津等国内一些重要城市开设了分所,服务全国主要大城市的民族工商业企业,逐步发展成为当时最有影响力的会计师事务所。立信会计师事务所"是会计改革的先锋,在经济推行新式簿记、改良会计制度设计等方面,也是有一定贡献的","在开拓业务、发掘人才、改良会计、恪守信誉等等方面,都作出了十分显著的成绩"①。图3-1为立信会计师事务所旧址。图3-2为立信会计师事务所在1947年建所20周年时的组织机构及职责设置系统图。

图3-1 立信会计师事务所旧址

2. 立信会计学校为会计改革培养了人才

潘序伦认为:"要理好财,必须首先设计会计制度,健全财务管理,而有了好的制度以后,还必须有公正无私、忠于职守的专业人才来执

---

① 杨纪琬.序[M]//潘序伦.潘序伦回忆录.北京:中国财政经济出版社,1986:4.

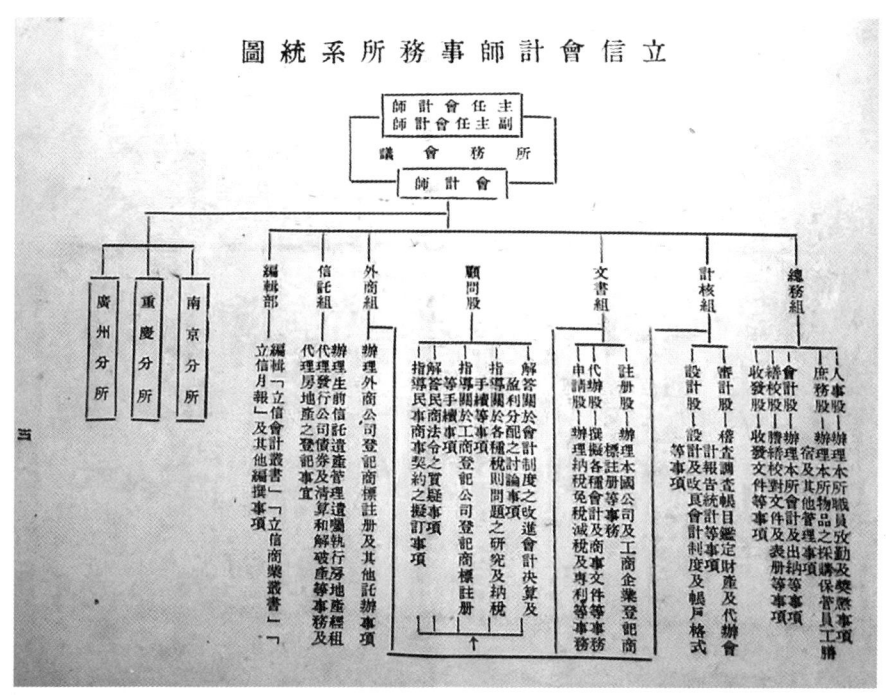

图 3-2 1947 年立信会计师事务所组织机构及职责设置系统图

行"。① 在立信会计师事务所成立之初,潘序伦就深感欲改良企业会计制度必从训练专业的会计人员着手。1927 年他借助于立信会计师事务所,开办了第 1 期簿记训练班,"训练班的教育方针,在于改良旧式'账房先生'的上收下支记账方法,传授西方复式簿记的技能和知识"。②

---

① 潘序伦.潘序伦回忆录[M].北京:中国财政经济出版社,1986:29.
② 潘序伦.潘序伦回忆录[M].北京:中国财政经济出版社,1986:30.

1928年潘序伦又在簿记培训班的基础上创建了立信会计补习学校,后来又成立了立信会计专科学校。从1927年到1947年的20年间,立信会计学校培养了数以十万计的会计专业人才。立信会计学校宣传了以潘序伦为首的改革方的会计改革思想,培养了一批又一批具有新式会计知识和技能的会计人才,不少人从此走上会计事业的道路,成为中国现代会计事业发展的骨干力量。图3-3为立信会计补习学校审计班第一届毕业生照片;图3-4为立信会计学校银行会计班毕业合影照片。

图3-3　立信会计补习学校审计班第一届毕业生留念

图 3-4　立信会计学校银行会计班毕业合影

3. 立信会计出版助力会计改革的发展

立信会计出版在引进和普及西方会计理论、统一我国会计名词、编写各业会计制度和为立信会计学校提供教材等方面作出了突出贡献,为中国的会计改革提供了有力的支撑。

(1) 影响深远的"立信会计丛书"。20 世纪 20—30 年代,中国经济十分落后,在会计理论研究方面远落后于西方发达国家,国内大学没有自己的会计教科书,学生使用的都是从西方国家引进的教材。早在创办立信会计补习学校时,潘序伦就在立信会计师事务所内成立编译科(后单独设立为"立信会计编译所"),组织事务所有经验的同仁负责编写"立信会计丛书"。著名会计学家杨纪琬先生对该丛书给予了高度评价:"'立信会计丛书'在当时的中国会计学发展史上,占有很重要的地位,为立信会计事业增添了光彩。"①。

(2) 通过编译引进西方会计理论,填补了当时我国会计学术领域不少空白。如潘序伦1933年翻译出版了劳伦斯的成本会计即《劳氏成本会计》。后来劳伦斯在1937年和1946年两次修订该书,潘序伦又根据新版分别于1939年和1950年重新翻译出版。之后20多年国内许多学校学生及会计人员研修成本会计均采用此书作为教科书或参考书。在潘序伦先生及其同仁的共同努力下,国外重要的有代表性的会计著作,都能以畅达通晓、含义确切的文字,与国内读者见面②。这些代表性的著作还有:《斐氏高等会计学》《会计准则》《陀氏成本会计》《会计师查核决算表之原理与程序》等。

(3) 推动了我国会计名词的统一。在编译书籍过程中,潘序伦针对我国会计名词不统一、译名不一致的情况,专门对会计名词进行研究,并在1935年组织人员编译出版了《会计名辞汇译》,收录会计名词

---

① 杨纪琬.序[M]//潘序伦.潘序伦回忆录.北京:中国财政经济出版社,1986:6.
② 罗银胜.潘序伦会计学术思想述评[J].云梦学刊,2009,30(02):12-16.

2 400余条，将原文与中文词义进行详细的对比与注释，扭转了会计用词的混乱局面，极大地方便了编译会计书籍的译者，也有助于读者的学习。

（4）结合中国国情编写各行业会计制度，推进了工商企业对于新式会计的应用。潘序伦以先进会计理论为基础，将新式会计方法与工商企业实际相结合，特约各业会计专家编写各业会计制度，并将这些制度汇编成《各业会计制度》出版，使工商界采用新式会计制度有了现实依据。

（5）通过出版教材在育人的过程中传播新式会计。潘序伦组织编写的会计学教材，理论联系实际，从新式会计理论出发，切合中国当时的法律规定及工商界惯例，针对不同层次的读者，分别编写有初、中、高三种不同层次的教材，尽可能做到由浅入深、由简到繁、循序渐进、通俗易懂。潘序伦编著的《高级商业簿记教科书》，备受学生和实务界会计人员的欢迎，再版几十次，影响力极大。他所著《会计学》一书的内容更是集各门会计之大成，在阐明会计学原理的基础上，还对公司会计、成本会计、解散及破产会计、遗产及信托会计等进行全面详细的讲解，对预算控制、财产估价、决算报表分析等内容也进行了研究。该书分四册，90多万字，被学界称为会计学"不可多得的长篇巨著"。该书畅销40多年，对培养会计专业人才、宣传新式会计理论发挥了很大的作用。图3-5是潘序伦编著的《高级商业簿记教科书》，图3-6是潘序伦所著的《会计学》（第二册）。这两本图书都属于"立信会计丛书"。

104

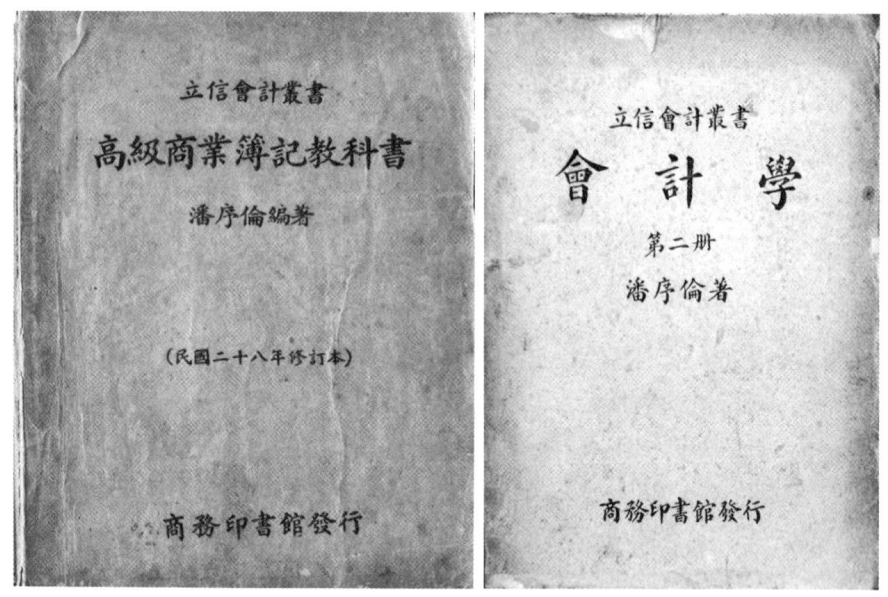

图 3-5 《高级商业簿记教科书》　　图 3-6 《会计学》

　　潘序伦组织编译和撰写的会计著作与教材最初由商务印书馆作为"大学丛书"出版。1941 年成立了立信会计图书用品社,后来又改名为立信会计出版社,出版了大量的会计著作与教材,而且印制发行会计账册、报表,供工商企业选用。立信会计这些编译与出版举措不仅引进了西方先进的会计理论与方法,满足了立信会计学校的教学用书需要,也宣传了潘序伦等改革方的会计改革思想,推广了新式簿记内容体系。

五、会计改革的创新特征

德鲁克认为,任何改变现存物质财富、创造潜力的方式都可以称为创新;创新是新思想的运行。20世纪30年代中国会计历史上中式簿记革新运动激荡着新思想的碰撞,持不同观点的改革或改良各方的簿记革新理论与方案实施都充满了新思想的运行。以徐永祚为代表的改良方和以潘序伦为代表的改革方都在簿记方法与技术、会计知识与管理等方面有着系统革新,创建了各自的新思想、新理论、新概念和新方法。潘序伦所推行的新式簿记革命是对我国会计事业有更为深刻的创新探索与实践。借用创新理论中"流"与"源"的概念进行分析,徐永祚的会计创新主张在原有中式簿记基础上进行改良,如坚持以现金记账为主体、使用收付记账法、因袭传统采用直写记账、采用原有四柱结算法等,属于改进方法、优化流程的会计"流创新"。潘序伦的会计革命主张引进西方借贷记账法、切合实际采用横写记账、推崇多栏记账法、设计"原始凭证→记账凭证→日记账→分类账→总账→会计报表"新的会计账簿组织体系,对原有中式簿记体系与方法进行了根本性改革。改革方的会计改革理论是更具颠覆性的新思维,属于改变了原有簿记运行逻辑、构建新的会计原则与方法体系而产生了新生态系统的"源创新"。

第四章

潘序伦
审计思想与创新

作为中国现代会计之父,潘序伦不仅是著名的会计学家和教育家,也是杰出的审计学家,在我国近代审计事业的开拓和发展中扮演了十分重要的角色。潘序伦在引进和吸收西方现代会计、审计理论的基础上,结合自身从事会计师事务所工作的实践,对审计定义、种类、方法及程序以及审计学的地位等问题进行了系统的研究,形成了对我国现代审计学有着开创性意义的审计学术思想,充分体现了他勇于变革创新的精神。

一、审计思想产生的基础

(一)西方现代会计审计的影响

潘序伦从 1921 年至 1924 年留学美国。在哈佛大学攻读工商管理硕士学位期间,他系统学习了会计学课程,对会计学科的框架体系有了比较深刻的理解。在哥伦比亚大学攻读博士学位期间,潘序伦广泛阅读西方多国的经济学书籍,以中美贸易为研究课题,撰写了博士论文,获得经济学博士学位。在美留学期间潘序伦不仅通过学习具备了扎实的经济学及会计审计理论基础，而且受到了西方审计文化的影响。

潘序伦留学美国期间正是美国审计文化发展较好的时期。1922年前后，美国各大州均颁布了会计师法，而且很快得到了普遍认可。该法律保障了美国会计师事业的健康发展，同时在美国公共会计师协会的领导下，各个州实现统一的公共会计师考试，促进了广泛的会计师职业统一。当时，美国不少企业在经营中需要从银行贷款作为其流动资金，银行在为企业发放贷款的过程中，需要企业提供经过注册会计师出具查验证明的资产负债表。这种以信用为目的资产负债表审计业务在美国得以广泛开展的主要原因有：一是银行在资金融通上的需要；二是由于资产负债表审计业务相对比较简单，收费不高，企业容易委托公共会计师办理该项审计业务。"这一阶段，美国审计的特点是为了信用目的而进行资产负债表审计。因为在1920年前后的20多年中，这种审计在美国最为盛行。所以会计史学界称为美国式审计"。[①]

扎实的经济理论、会计审计知识以及西方信用审计的影响，奠定了潘序伦审计思想的理论基础。

（二）会计审计执业经验的积累

在立信会计师事务所的执业过程中，潘序伦十分重视信誉建设。他认为"会计师的信誉很要紧，可以说是会计师业务的生命力。"由于潘

[①] 王海民.潘序伦立信会计思想研究[J].会计之友,2011,(1上):126-128.

序伦解决问题的能力强，所承办业务效率高、质量好，事务所业务得到快速拓展。立信会计师事务所不仅承接的审计案件数量多，而且内容广泛，以上海立信会计师事务所为例，其经营业务就有十多方面：(1) 代订公司、商号、工厂及其他机关各种会计规程、会计科目、账簿表册格式、账簿组织及成本会计制度，或为整理改良；(2) 派员代管会计及记账事务，并编制决算表册及各种统计，或代办收支及报销整理事务；(3) 调查及稽核账目，或常年查账，或临时查账，出具报告书或证明书；(4) 鉴定事业状况、财产估价及账表真伪，并为让盘、合并、改组及商事契约之证明；(5) 清理账目，并担任检查人、清算人、和解监督辅助人、破产管理人、遗嘱执行人、遗产管理人及其他信托人；(6) 代办纳税、免税、减税及专利事项；(7) 代办公司、商号、商标及其他登记注册事项；(8) 担任常年会计顾问，并解答关于会计及商事方面各种问题的咨询；(9) 指导公司、商号、工厂及其他企业机关的设立手续及一切商事、财政及会计方面的规划事项；(10) 代撰关于会计及商事方面的各种文件。[①]

立信会计师事务所开办后的 10 年时间里，承接各类业务案件 4 000 多件。1939 年开始在上海以外的多个城市建立分所，成为全国规模最大的一家会计师事务所。丰富的会计师执业经验为潘序伦审计思想

---

① 立信会计师事务所.本所办理业务章程[A].立信会计事务所十周年纪念刊，1937. 上海档案馆档案号：Y4-1-343.

的产生与创新提供了现实基础。

（三）国内审计事业发展的支撑

清朝末期，中国的国家审计机关初步设立并逐步拓展。民国建立后，会计师审计制度诞生，相应的法律法规相继出台。首先，国家层面的法律对审计进行了规范，1914年北京政府颁布的《中华民国约法》中规定："国家岁入岁出之决算，每年经审计院审定后，由大总统提出报告书于立法院，请求承诺"（《中华民国约法》，1914年，第57条）。1923年北京政府颁布的《中华民国宪法》对审计院的设置、职能也做了规定："国家岁出岁入之决算案每年经审计院审定由政府报告于国会，众议院对于决算案或追认案否认时，国务员应负其责"。其次，审计也有单独的立法，1912年10月北京政府颁布《审计处暂行审计法规》，这是中国近代历史上第一部审计法规。1914年3月进一步将暂行审计法规修订并颁布为《审计条例》，明确规定了审计处的职责与审计机关审查的具体内容。1914年10月，北京政府颁布了《审计法》，成为中国近代史上第一部通过国家立法程序制定的审计法律。1924年7月，中华民国国民政府在广州成立，随后根据《监察院组织法》的规定成立监察院。监察院负责"监察国民政府所属各级机关官吏之行动，及考核税收及各种用途之状况"，检察院设有审计部。1925年广州民国政府先后颁布《审计法》和《审计法施行细则》，审计法规进一步健全，使监察院的审计活动有法可依。潘序伦先生在其回忆录中也写道:"当时国民党的国民政府成立了主计处,在检察院设立了审计部,陆续制订和颁布了一些经济法规,如《公司法》《会计法》《营业税实施细则》《银行业收益税法》《所得税暂行条例及实施细则》等等,大大增加了社会上对会计、审计工作的需求,因而促进了会计师业务的发展"。①

民间审计方面,1918年,在谢霖等人的努力下,北京政府财政部、农商部同意设立会计师制度。同年由谢霖起草的《会计师暂行章程》颁布实施;1921年,京津沪等地的会计师事务所渐次创办设立。1925年,各地会计师公会相继建立。这一阶段,潘序伦积极参与当时的公司法修订,推动中国会计审计制度化和规范化发展。1933年潘序伦与谢霖、徐永祚等人共同发起成立"上海会计师公会",制定公会发展的监察制度,并召集全国各地会计师协会代表参加中国会计师协会。1934年,由潘序伦、徐永祚等人发起成立的中国会计学社,以编撰会计学报、举办会计学校为己任,这些举措都有力推动了中国会计审计事业的发展。

清末民初,中国审计事业开始发展,国家审计制度逐步确立,会计师审计制度诞生,会计审计实践活动量大面广,审计学术研究也取得了一定的成果。这些发展为潘序伦审计思想的形成提供了环境支持。

---

① 潘序伦.潘序伦回忆录[M].北京:中国财政经济出版社,1986:26.

二、审计理论体系

20世纪初,我国的审计制度及审计实践处于起始阶段,审计理论知识还很匮乏,难以支撑迅速发展的审计事业。潘序伦以国家需要为己任,勇于创新,通过"三位一体"的立信会计体系推动审计事业的发展:一方面他通过会计师事务所承接大量企业案件从事审计业务,直接服务工商业的发展的需要;一方面积极参与国家审计组织建设与制度建设工作;与此同时,他著书撰文,针对审计定义、种类、方法及程序以及审计学的地位等问题进行了广泛、深入和细致的研究,构建了具有完整框架的审计理论体系,引领和推动了我国审计理论与实践的发展。潘序伦的审计学术思想极具创新意义且有着丰富的内涵,主要包括审计理论体系、审计诚信思想和审计教育思想等内容,本章主要研究潘序伦审计理论体系的内容与创新特征。

潘序伦先生关于审计方面的理论成果主要有教材、专著和论文等。教材主要有潘序伦与顾询合著的《审计学》《审计学教科书》;专著主要有潘序伦与钱㴑澂合著的《审计问题》;论文主要有《查账标准程序之拟定》《会计师查账之应用》《我国会计师职业及其对于发展工商业之任务》《中国会计师业的过去与今后——中国会计师职业概况》等。《审计学》一书共二十九章,约有三十万字,主要内容有:审计之意义、种类、效用,查账之准备工作,资产负债表审计,详细审计,证明书及报告书之编制方法,以及我国会计师业务等项。《审计学教科书》是根据《审计学》一书节编的简本,全书约十六万字,供高中商科及职业学校教学之用。两本书在20世纪30年代出版同时发行,影响力很大,对于我国审计的发展和人才培养起到了举足轻重的作用。图4-1为潘序伦和顾询合著的《审计学教科书》。

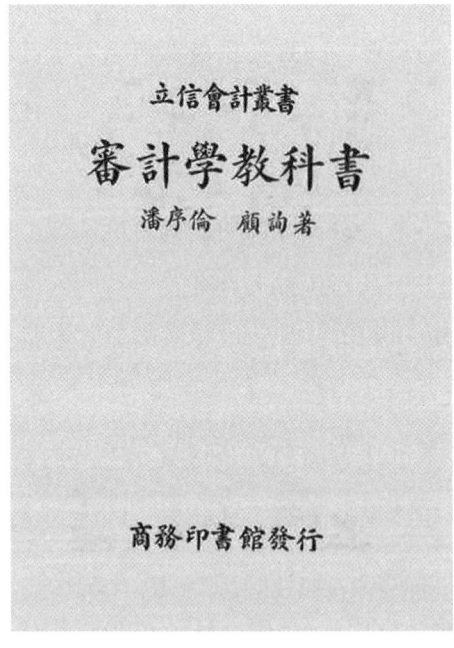

图4-1 《审计学教科书》

潘序伦建立的审计理论体系主要包括以下内容。

（一）审计的定义

清朝末期，清廷统治者高层受西方影响对审计有所重视，但当时的审计主要是指会计检查。民国时期，学者对审计进行了更为精准的定义。当时潘序伦在审计方面的研究具有代表性和前瞻性。

潘序伦在《审计学教科书》中将审计定义为："审计（Auditing）云者，对于他人所作成之会计记录，及其有关系之文件与实物，用有系统有组织之方法，为全部或一部之检查，以确定其会计记录是否恰当，是否足以正确表示该企业之财政状况及经营成绩，同时更指正其谬误，摘发其诈弊，并为其出具报告书或证明书，以表示其客观意见之谓也。"[①] 该定义要点包括：第一，审计应当是以他人所作会计记录以及相关文件实物即交易发生时的所有原始凭证单据、记载交易的账簿表册，以及各项资产实物、债权债务等为审查对象；第二，审计人员是独立于第三者地位的查账员，应该客观公正地出具报告书或证明书；第三，审计即查账要使用有系统有组织的方法；第四，审计是为了确定被审计单位的会计记录是否恰当，是否存在谬误和诈弊；第五，审计的目的不仅在于证明会计记录正确与否，最主要还在于帮助企业分析其财务状况与经营成果。

---

① 潘序伦,顾询.审计学教科书[M].长沙:商务印书馆,1936:1.

将上述定义与当时学者的观点进行对比,潘序伦审计定义的内容更为完整和科学。如知名审计学者吴应图在其 1925 年出版的《审计学》中,把审计称为"会计监查",将审计定义为:"监查(Audit)云者,对于他人之记账计算是否无谬误舞弊,决算报告表是否能制作适当,足以表现该事业之真正财政状况及营业成绩,加以检查证明之谓也。"① 潘序伦所给出的审计定义创新点在于:首先,审计的对象不仅包括会计记录,还包括有关文件与实物,扩展了审计对象的范围;其次,明确了审计方法是"有系统有组织"的科学方法体系;再次,强调了审计的客观性,审计者应是第三方人员,审计意见应该客观中立。

(二)审计的目的

审计目的也是审计理论框架体系的重要组成内容,分析其《审计学教科书》的内容,可以归纳出潘序伦审计理论中审计的目的主要有纠误、验真、取信、改良四个方面。

1. 检查账目是否正确

通过审计检查企业会计记录是否有误,是否存在不符合会计原理的地方。

2. 检查账目是否存在舞弊

一是检查企业账目中有无窃取现金或物品舞弊;二是检查有无隐蔽

---

① 吴应图.审计学[M].上海:商务印书馆,1927:3.

企业真相舞弊。

3. 证明财务状况及营业业绩

会计师事务所通过审计查账后要出具审计报告书或证明书说明企业财务状况和营业业绩情况。

4. 改良会计制度及营业政策

会计师事务所通过审计针对公司经营状况、会计制度以及内部组织情况提出改进意见。

当时，中国工商业尚不发达，企业组织规模普遍较小，在审计业务开展初始时期，最重要的目的是审查会计事务操作上的失误弊端，即针对所查企业账目情况进行"纠误，验真"，并结合具体情况分析存在问题的原因，提出详细的解决办法。正如潘序伦所说："审计学之发达，不过近百年来之事耳。当其创始之时，企业组织，尚未完备，会计学术，尚属幼稚，而各业之会计制度，复多简陋。"① 从长远看，审计的重点应该是建立和健全企业的会计制度和完善企业经营策略。

（三）审计分类

民国时期对于审计的分类，主要是根据"审计的主体、时间、地点、目的、性质、职掌、范围、方式等不同，对审计工作的要求不同，

---

① 潘序伦,顾询.审计学教科书[M].长沙:商务印书馆,1936:9.

从而形成了不同类型的审计"。① 潘序伦和顾询合著的《审计学教科书》一书中,对审计类型进行比较系统、全面的划分。潘序伦对审计类型的分类是民国时期比较早、也比较全面的分类。

(1) 按照工作范围分类。潘序伦依据美国审计学理论,以审查工作的范围为标准,将审计划分为详细审计、资产负债表审计与特种审计。详细审计是指"对于一会计期间内账目,自发生交易之原始记录,以至最后结束决算表册,为全部精密审查是也。"② 具体做法是"以该会计年度开始时资产负债状况为基础,然后循其增减变化途径,逐一加以审核,同时探究其发生各项损益的原因。最后对于期末所编之资产负债表及损益计算书,作详密审核与肯定之证明"。资产负债审计是对企业在一定时期内指定的资产负债表进行审核,以便确定各项资产负债和资本。具体做法是:审查账簿所载资产和负债是否属实;所有资产是否记录在账,资产估价是否适当;账簿所载负债是否属实,一切负债是否均已记录,负债原因是否正当;资本公积与盈亏是否正确等。特种审计是对一企业某会计期间内的账目,做一部分审核,要达到其特定目的的审计,如针对某些舞弊疑点展开的专项审计。

(2) 按照审查时期和次数分类。潘序伦借鉴英国学者理论,将审计

---

① 方宝璋.民国审计思想史[M].北京:中央编译出版社,2010:103.
② 潘序伦,顾询.审计学教科书[M].长沙:商务印书馆,1936:10.

划分为期末审计和分期继续审计。"期末审计,亦称为常年审计,或称定期审计,即对于一企业某一营业期间之账目,待其营业期间终了之后,汇作一次之审查,审查完毕,即为出具证明书或报告书之谓也。"分期继续审计,"即将企业某一整个会计期间,分为若干短期,而在各期中,对其账目陆续举行审查之谓也"。① 这里的"若干短期",可以按月、季为期,也可以按半年为期,一年之内多次审计。

潘序伦的审计分类方法借鉴了西方审计理论与制度,并且结合我国当时的社会经济发展状况与工商企业会计实务特点,提出了自己的审计分类方法,并详细分析了这些分类方法的优缺点、适用范围以及使用要点、注意事项等,体现了潘序伦审计分类思想的务实性特点。

(四) 审计程序与方法

规范化的审计需要对审计人员开展各项审计活动的先后顺序加以规定。潘序伦对审计程序问题十分重视,他认为:"查账员受任查账,进行工作之际,宜先订定查账程序,以为规范而资遵循,庶其查账事务,不致有重复遗漏或倚轻倚重之弊。是查账程序关系于查账案件之进行者,实重且大"。②

潘序伦将规范审计程序看作是保障审计工作质量的先决条件,专门

---

① 潘序伦,顾询.审计学教科书[M].长沙:商务印书馆,1936:27.
② 潘序伦,顾询.审计学[M].长沙:商务印书馆,1936:591.

撰写文章《查账标准程序之拟定》研究审计程序与审计方法，并在1933年《立信会计季刊》第1期上发表。文章根据自己丰富的实践经验，首先说明了制定查账标准程序的目的是使社会"明了查账工作之性质内容责任及目的，而排除其种种误会，且使会计师于执行查账职务时，有正当之规范可循，无特别之困难堪虑"。① 其次阐述了制定查账标准程序的依据是出于对负责查账的会计师、审计委托人和查账证明报告书阅读者三方面的需要考虑。

潘序伦将查账程序分为一般查账程序和特别查账程序两种。一般查账程序是指"会计师代表各项利害关系人之全体，而为普遍检查之程序也"。② 一般查账程序主要适用于机关与企业常规审计项目。特殊查账程序是指"会计师代表债权人或预备投资人或董事经理之任何一方，为欲达其各人所期望之某种目的，而以特种方法执行查账之程序也"③，这种审计程序适用于具有特殊审计目的项目。该论文中，潘序伦对一般查账程序按照资产类、负债类、资本类和损益类四类审计业务的检查程序进行了详细的阐述，具有很强的实用性。潘序伦在《审计学》一书中，根据不同的审计方法从资产负债审计程序和详细审计程序两方面来论述一般查账程序。综合起来看，审计程序中的一般查账程序是根据不

---

① 潘序伦.潘序伦文集[M].上海:立信会计出版社,2008:53.
② 潘序伦.查账标准程序之拟订[J].立信会计季刊,1933,2(1):5.
③ 潘序伦.查账标准程序之拟订[J].立信会计季刊,1933,2(1):5.

同的审计内容而按照开始程序、审计程序、结束程序这三步来进行。

潘序伦在《查账标准程序之拟定》一文中对审计方法也进行了研究。他认为，查账的目的不同，其方法也有差异，通行的查账方法主要有三种：一是资产负债检查，即通过对某一企业机关在某日所有全部资产负债进行盘点，确定其是否存在和其价值适当与否，以便正确确定净余资产的实际价值，并弄清楚各项资产负债的活动性（相对于现在所说的流动性），以便确定其偿债能力。二是损益检查，即对某一企业机关在某时期内所发生的收益与开支进行检查，以明确这些收益与开支是否存在、是否合理，藉以确定该期间的毛利与净利数额，进行比率分析，以便掌握该单位的营业情况和收益能力。三是详细检查，即对于一企业机关之全部资产负债及损益之账目及凭证，按时加以精密检查，以观管理事务之职员，是否有失职及不正当行为者也，同时也能验证该单位的财务状况及营业情形是否适当。

潘序伦和顾询在1936年出版的《审计学教科书》中进一步提出了更为完善的审计方法体系。按照审计检查的先后次序，可分为逆查法和顺查法。顺查法是指按照基本的记账顺序来审核，先检查和核对所有交易的原始凭证单据，再查对由原始单据生成的总账是否有误，进而制作决算表与原有表格对比以确定原有报表是否存在错误。逆查法是指先由最后的决算表册入手，核查总账，再根据总账倒查单据与原始凭证，这种方法重在对决算结果的分析，针对有问题的地方，再回溯检查原始记录，以确定问题的性质与原因。审计检查按照繁简程度，可分为抽查法和精查法。抽查法是对需要审核检查某一时期的交易记录进行部分抽查，从而推断审计结果。精查法是抽定某部分账册，选择比较重要或可疑的部分，用极精准的手段来核查。潘序伦还对各种审计方法的长处与短处进行分析，强调各种方法应该结合被检查单位的具体情况灵活使用。

潘序伦十分重视审计理论研究，他编著的《审计学》《审计学教科书》《审计问题》等图书和发表的《会计师查账之应用》等多篇论文中，系统地展现了其审计理论研究成果和实践总结。与此同时，潘序伦还十分重视会计制度与审计制度的建设，并积极投身审计实践和审计教育事业，将审计实践作为理论的基础，又将审计理论用于指导实践，形成了独具特色的审计理论体系。潘序伦的审计学术思想和实践经验在近代中国审计史上具有十分重要的地位。

三、会计审计制度建设与审计实践

潘序伦十分注重会计审计制度建设。从审计学视角看，他认为审计的目的之一是改良会计制度及经营策略，即会计师事务所在审计过程中一方面要依据会计审计制度进行账目审查，另一方面还需要根据审计结果针对公司经营状况、会计制度以及内部组织情况提出改良意见。他所撰写的《查账标准程序之拟订》《审核应收账款之原则及方法》等文章，反映了他在审计制度建设方面做出的探索和贡献。潘序伦组织专家编写并亲自主持编辑出版的各业会计制度，是他在会计审计制度建设方面取得的影响深远的研究成果。

(一) 编制各业会计制度

为了建设我国的会计制度，潘序伦专门组织既有会计理论功底又有实践经验的专家，编写一系列会计制度，作为立信会计丛书出版发行。《各业会计制度》的编辑出版，"这对建立和健全各业会计制度，起了很好的推动作用，并为开设大专院校会计制度课程，提供了参考资料"。① 潘序伦及立信同仁编辑出版各业会计制度，其目的有两方面：一是我国商科各校在学程（相当于现在的教学计划）上往往设有各业会计制度课程，但是使用的教材却都是英美等国家的学者所编写，其中所讲的会计制度内容都以各国自己的实际为依据，用在我国高校供学子学习研究，则多有不适。二是我国经济落后，百业待兴，刚刚发展起来的工商企业，国家还没有给予足够的重视，从我国当时的情形而论，各业会计制度，"当不能谓为急切待解之问题。""我国工商各界之会计制度，

---

① 管锦康.先岳对会计审计学术的贡献[M]//.龙一圜.立信史话.上海:立信会计出版社,1993:64-67.

其亟待研习而改良者，允推国内现有之各种企业。然中西之营业习惯，彼此互异，法律规定，又复有别，若径以他国适用之会计制度，施行于我国，其必感有格格不入，削足适履之苦，可以断言"。已经出版的"立信会计丛书"，大多是普通的研究会计原理和实务范围的书籍，鉴于此情况，潘序伦先生"爰请国内各业会计专家，分任撰述各业会计制度，务求既切实用，又合理论。"①《各业会计制度》原计划编写和出版三集，后来第一集出版后，将第二、第三集合并在一起，汇编成两册。

《各业会计制度》第一集（图4-2）有三十余万字，集合各业会计制度九篇，具体有航空业、证券经纪商、矿业、影戏业、卷烟业、橡胶业、纺织业、国外汇兑、电气事业。第二集有出版业、报馆业、纱厂业、面粉业、旅馆业、人寿水火及其他保险业、典当业、餐馆业、信托业、百货业以及学校医院俱乐部等会计制度。该制度不仅内容切合我国实情，覆盖面也非常广。② 图4-3.1、图4-3.2为《各业会计制度》中火险业会计章节目录，该书内容之详细、涵盖范围之广泛可见一斑。

（二）审计实践

潘序伦所创办的立信会计师事务所，其业务对象主要是新兴的民族工商业和中外合办企业，还有不少公营工商企业和人民慈善团体。所涉

---

① 潘序伦.各业会计制度（第一集）序[M].上海:商务印书馆,1934:1-2.
② 立信会计师事务所编辑部.编辑立信会计丛书之经过与现状[J].立信会计季刊,1934,(6):253-268.

图 4-2 《各业会计制度》第一集

及业务范围非常广泛,接受的委托业务遍及全国。立信会计师事务所承担的业务主要有:受当事人之委托进行定期查账、临时查账,调查会计弊端事实,受政府机关委派或公司股东委托充任检查人,受公司监察人委托调查公司财务状况、查核簿册文件等①。

随着中国工商业经济的快速发展,当时的审计业务也越来越多。

---

① 立信会计师事务所编辑部.立信会计师事务所承办业务项目[J].立信会计月报,1941,(1):2.

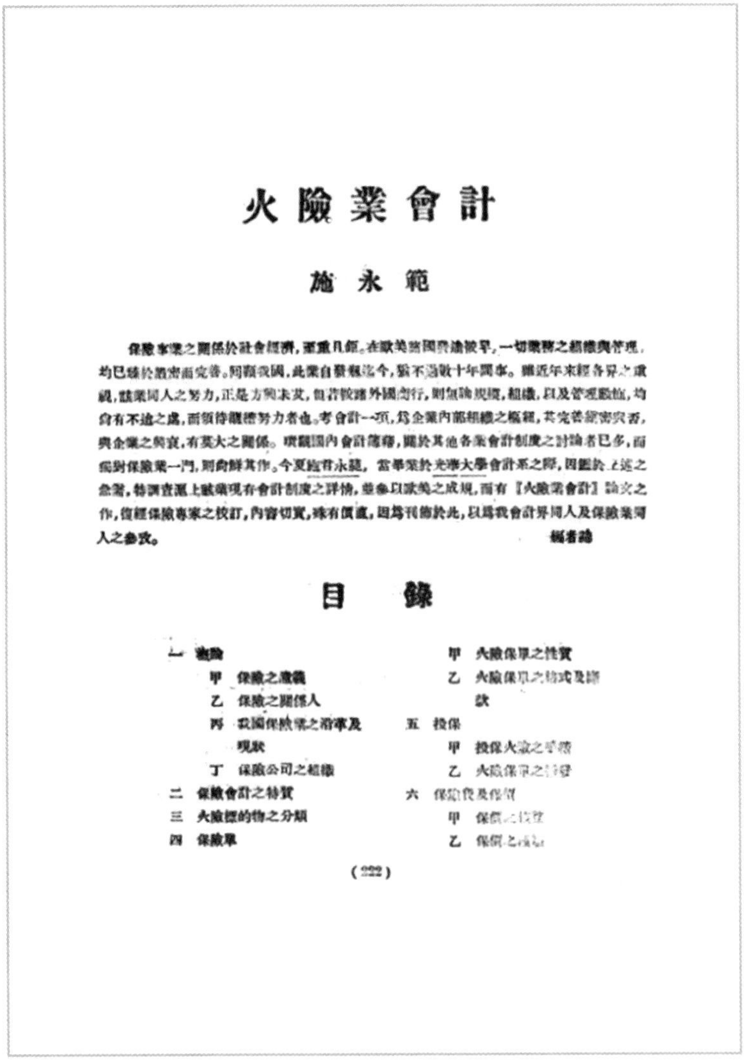

火險業會計

施永範

保險事業之關係於社會經濟，至重且鉅。在歐美諸國發達較早，一切業務之組織與管理，均已臻於精密而完善。回顧我國，此業自發軔迄今，猶不過數十年間事。雖近年來經各界之重視，暨業同人之努力，正是方興未艾，但若較諸外國先行，則無論規模，組織，以及管理設施，均尚有不逮之處，而須待繼續努力者也。考會計一項，為企業內部組織之樞紐，其完善縝密與否，與企業之興衰，有莫大之關係。吾觀國內會計簿籍，關於其他各業會計制度之討論者已多，而獨對保險業一門，則尚鮮其作。今夏施君永範，當畢業於光華大學會計系之際，因鑒於上述之欠缺，特調查滬上數家現有會計制度之詳情，並參以歐美之成規，而有『火險業會計』論文之作，復經保險專家之校訂，內容切實，殊有價值，因為刊佈於此，以為我會計界同人及保險業同人之參考。

編者識

目錄

(222)

图 4-3.1　火险业会计章节目录

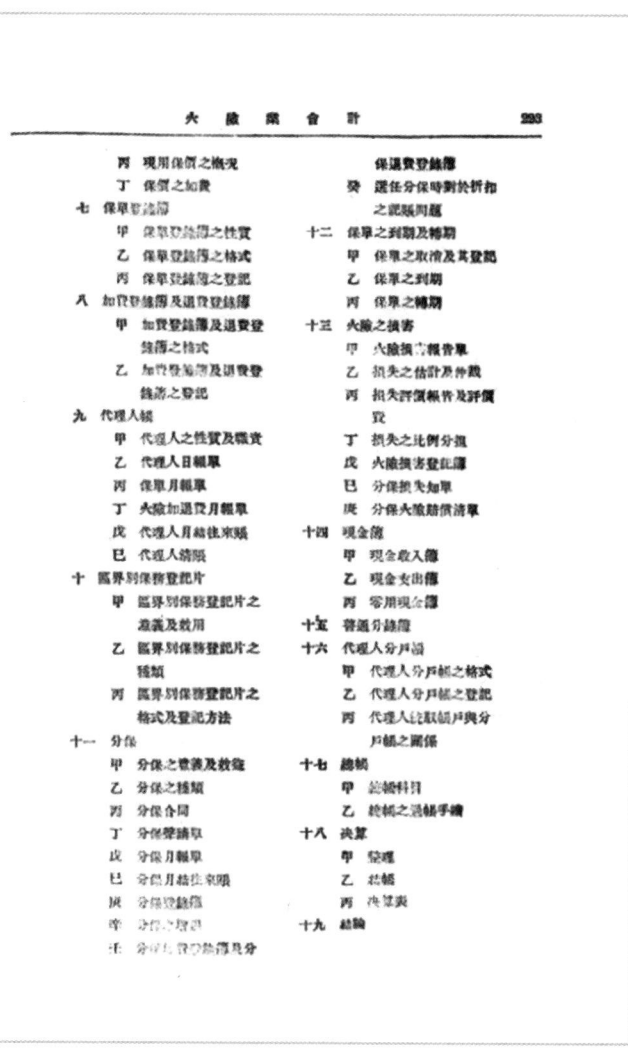

图 4-3.2 《各业会计制度》中火险业会计章节目录

"至于今日,则公司组织之工商业,其范围较大者,几无不聘有常年会计师,代表监察人,担任查账事务……至于政府机关,以其本身及所管事务上之会计,委托会计师代为查核者,亦日见其多。而国立、省立营业机关或学校等之以会计事务委托办理者,更属难以屡举。各级法院对于诉讼上账目银钱纠纷之判断,行政机关对于私营公用事务之监督、商厂劳资纠纷之调解或仲裁,尤多指派会计师为账目之检查。观其报告之内容,以为判决裁定之根据焉"。①

在潘序伦的主持下,立信会计师事务秉持诚信原则,坚持不做假账。他在回忆录中写道:"资本家委托会计师事务所办事,总希望对他们有利。这样,有个别会计师就以造假账或出具不真实的证明书以迎合某些委托人的要求,而取得会计师业务。但是,这种业务我所是绝对不接受的"。"我宁可放弃这种委托",这样日子久了,就给社会上留下印象,"立信"是信得过的,"反而会引来大批的业务。'立信'的实践就充分证明了这一点。"② 由于立信会计师事务所在社会上具有良好的信誉,许多单位都愿意委托他们进行审计,他们承接了大量的查账审计。例如,1930年4月13日,受中国红十字会委托,审查赈灾处账务;1930年8月1日,受中华全国体育协进会委托,审查第九届远东运动

---

① 潘序伦.中国会计师业的过去与今后:中国会计师职业概况[J].新中华,1934(1):156-165.

② 潘序伦.潘序伦回忆录[M].北京:中国财政经济出版社,1986:28.

会账目；1930年12月4日，受北平中华教育文化基金董事会委托，审核会所经理保管的中华教育文化基金、清华大学基金等项目；1931年，受浙江省政府委托，审核浙江省属各机关预算、决算及计划，各机关会计制度；1931年"九一八"事变后，受托稽核上海十三个抗日救国捐款募捐单位的账目，出具了查账证明，公诸社会。① 对每一项受托审计的业务，潘序伦及立信会计师事务所的会计师们都认真对待，客观公正，在遵循立信原则前提下尽可能服务好委托单位。

  潘序伦还十分注重利用审计业务服务国家和社会。为抗战募捐钱款进行审计的著名案例也彰显了这一点。"九一八"事变后，马占山将军率领东北义勇军英勇抗日，民众纷纷捐款资助。但是当时经办捐款事宜的《生活》周刊社、东北义勇军后援团和上海市临时救济会等却因谣言而受到质疑，说是上海抗日救国捐款共有国币2 000多万元，而马占山的队伍仅收到100多万元。谣言的传播极大地影响了民众为抗战募捐的热情。立信会计师事务所稽核了13个经募单位的账目，证实了这些单位实际收到捐款数额为502万余元，援助了东北义勇军337万多元，其余165万多元为慰劳十九路军和救济上海战区难民所用。潘序伦带领事务所同事核查了这些捐款的实际收入与支出情况，并对全部收支账目出具审计证明，公之于众，击败了谣言，为募捐活动和支援抗战保驾护

---

① 李相森.论潘序伦审计思想[J].会计之友,2022(5):55.

130

航。图 4-4 是立信会计师事务所出具的《生活》周刊社代收的民众为马占山将军等捐款的证明书。

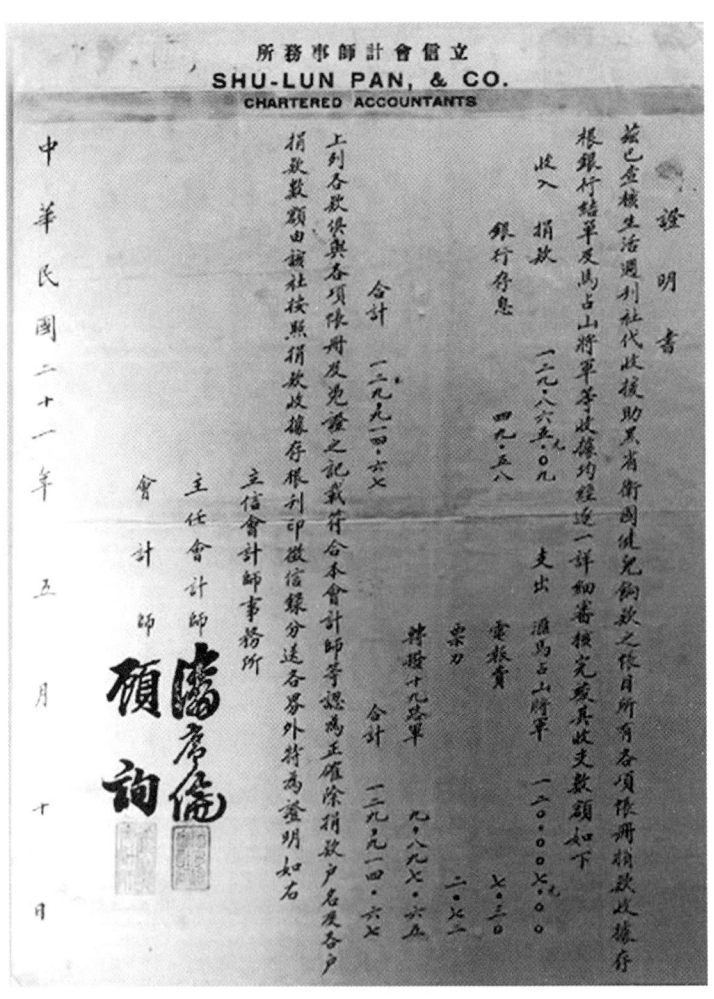

图 4-4 捐助马占山将军等证明书

四、审计思想的创新特征

从广义上来讲,创新是指产生新的思想和行为的活动。① 潘序伦审计理论体系产生过程,是审计理论创新和审计实践创新相结合的过程。该理论体系具有显著的创新性特征,主要体现在以下几个方面。

(一) 实践创新

宋代学者朱熹说过:"为学之实,固在践履。苟徒知而不行,诚与不学无异。"这是告诫人们:学习学问,重要的是脚踏实地地去实践。毛泽东同志在《实践论》中论述了认识论中的知行统一关系:"实践、认识、再实践、再认识,这种形式,循环往复以至无穷,而实践和认识相较之前都有了进一步的发展。"人们通过实践发现真理,又通过实践证实真理和发展真理。潘序伦的审计理论体系最大特点在于其扎根中国经济实际,结合中国国情,服务审计实践,在实践中不断完善其审计理论。从潘序伦所写的审计学教材中可以看出,他对审计具体操作程序编写最为详备,② 这也反映了他对审计实践的重视。潘序伦在 1927 年创

---

① 陈传明,等.管理学[M].北京:高等教育出版社,2019:328.
② 王鹏.民国时期潘序伦审计思想研究[D].郑州:郑州大学,2017:38.

立了潘序伦会计师事务所，为工商企业开展审计业务服务，受理了大量的委托查账案件。当时，我国审计事业处于起步阶段，他承接业务的实践也是解决所面临的各种审计问题的过程，而解决问题的过程本身就是一种创新历程。潘序伦还十分注重对实践问题进行研究，形成论文并公开发表，且适时地充实到教材之中。与此同时，他还与其他学者一起积极推动国家审计制度建设和民间审计组织发展。这些审计实践活动和学术研究是潘序伦审计理论体系产生和发展的重要基础。潘序伦审计理论体系的建立源于实践，在解决实践问题的过程中形成审计理论知识，这些理论知识系统化之后形成审计理论体系。正像一位日本创新学者所说："实践智慧推动了知识创造"，而"知识创造理论"①。

（二）制度创新

在立信会计事业发展中，潘序伦十分重视我国会计审计制度的建设，他不仅著书撰文讨论我国会计审计实践中遇到的制度问题，还组织专家编辑出版各行各业的会计制度，对我国的会计审计事业发展，产生了深远的影响。潘序伦在《各业会计制度（第一集）》的序言中说："惟此项专著，均属创作，苟非兼长会计学理及经验者，殊难执笔"。对于编制这套制度工作，他十分重视，聘请各行各业的专家，根据中国国

---

① 野中郁次郎.致中国读者[M]//野中郁次郎,胜见明,著.林忠鹏,鲍永辉,韩金玉译.创新的本质.北京:人民邮电出版社,2020:Ⅶ—Ⅹ.

情，分别撰写了相应行业的会计制度，集结成册，出版发行。《各业会计制度》分两集出版，涵盖了航空业、证券业、矿业、出版业、餐饮业等诸多行业，这在当时我国会计审计领域是一大创举。从制度建设视角看，20世纪30年代的中国，民族工商业尚处于发展初期，新式簿记尚未在企业普及，新式会计制度建设刚刚起步，正如潘序伦所说："《各业会计制度》一书之编辑，在英美先进诸国，虽已数见不鲜，而在我国，则尚属创例"[①]。从审计业务视角看，各业会计制度的设立，为查账业务建立了可靠依据，为审计的规范化发展奠定了基础。由此可见，潘序伦对我国审计理论与实践的贡献，具有制度创新的显著特征。

（三）理论创新

潘序伦的审计思想充满了新思想的智慧，其中最重要的是他强化和完善了审计独立性理论。潘序伦审计思想中审计独立性包括两层含义：一是审计独立于被查单位；二是审计独立于会计事务，审计报告书或证明书要客观中立。在前面笔者分析过，1925年吴应图所著《审计学》里，审计定义中界定了"对于他人之记账"进行"监查"，这里仅包含了审计独立性的第一层含义。潘序伦提出的审计定义强调："审计云者，对于他人所作成之会计记录，及其有关系之文件和实物"进行检查，出具的报告书或证明书，"以表示客观意见之谓也"，这里的"他人所作"

[①] 潘序伦.潘序伦回忆录[M].北京:中国财政经济出版社,1986:28.

与"客观意见"之意精确地表达了潘序伦的审计独立观点,不仅强调了审计人员的"第三方"身份,而且阐明了出具的审计意见要具有客观性。潘序伦认为,审计"第三方"身份是评判审计是否存在价值的重要标准,体现了他对审计学未来发展的正确预判。这种观点产生的原因,一方面是源于审计专业的要求,另一方面源于他的会计诚信思想。在潘序伦会计师事务所成立1年后,他就将事务所更名为立信会计师事务所,要求事务所会计师以诚信为道德标准来从事会计审计工作。以诚信为核心的职业道德标准基础之上的审计独立观点,是潘序伦审计学术思想的另一显著特征,也是其审计理论的重要创新之处。

第五章

潘序伦
会计教育思想与创新

潘序伦先生是我国会计教育的奠基人。著名经济学家陈敏之曾讲道：潘序伦的一生，是会计的一生，是教育的一生，他的教育思想博大精深、内涵丰富，值得我们深入研究和继续发扬。①

1924年，潘序伦学成归国后，先后受聘于上海商科大学担任教务主任兼会计系主任和上海国立暨南学校（现暨南大学前身）商学院院长，之后又创办了暨南大学会计系并亲任主任。他的会计教育是从主持暨南商科大学商学院和创建会计统计系开始的，距今已近百年。1927年潘序伦受时代发展的感召从暨南大学辞职，开启了由他主导推动的系统的中国民间会计教育之路，成为中国现代会计教育发展的拓荒者和引领者。他将西方先进的会计教育理论及方法引入中国，并坚持理论与实务相结合、传统与创新相结合，形成了独特的会计教育体系。

潘序伦会计教育思想体系不仅蕴含了教育的普遍规律，而且揭示了会计教育的特殊规律。归纳起来主要有："面向社会的教育观、服务经

---

① 陈敏之.序二[M]//罗银胜.中国现代会计之父——潘序伦传.上海：立信会计出版社，2017：2

济的职业观、不断发展的革新观、追求卓越的效益观、以信为本的道德观"。① 梳理潘序伦教育思想的形成过程，有多种因素的影响，其中既有黄炎培等先贤职业教育思潮的启迪，也有中国知识分子实业救国思想的激励，更源于潘序伦的自身经历、远见卓识和创新精神。

一、会计教育思想产生的基础

（一）黄炎培职业教育思想的启迪

潘序伦在浦东中学求学时，黄炎培任浦东中学校长，两人自此结下了深厚的师生情谊。潘序伦多次得到黄炎培先生的帮助，先是在黄先生的推荐下进入圣约翰大学深造；毕业后又在黄先生修书保荐下得到圣约翰大学保送出国留学的机会，并在选拔考试中取得第一名，实现了出国留学的梦想。潘序伦学成归国后进入教育领域工作，深受黄炎培教育思想的影响。

在中国教育史上，黄炎培开创了职业教育的先河，黄先生在《实施实业教学要览》中指出："职业教育的作用——谋个性之发展"。他认为

---

① 李世平.序[M]//罗银胜.中国现代会计之父——潘序伦传.上海：立信会计出版社,2017:2.

职业教育的宗旨有三方面：一是"为个人谋生之准备"；二是"为个人服务社会之准备"；三是"为世界国家增进生产力之准备"；提倡"使无业者有业，使有业者乐业""授人以学识、技能而使人能生存于世界"的职业教育思想，反对"专重实用，纯为生活起见"的实用教育观点。① 他提倡的是"一种民主化、科学化、实用化的教育，这种教育应该把学生培养成崇尚民主平等，热爱劳动并乐于为群众服务的人，同时这种教育还应教会学生一两种能为社会'生利'的劳动技能"。②

潘序伦对青年的职业教育与黄炎培先生的职业教育思想十分吻合，他不仅在立信会计学校的办学中注重学生们的职业技能培养，使其能学有所长、学有所用，而且尽可能吸收失学、失业青年入学。潘序伦在回忆录中写道："补习学校的学生，一般家境比较清寒，多系失学、失业青年。他们为了取得一技之长，以便于谋求职业，都勤奋苦学，学习成绩大都优良，普遍得到工作单位的好评。"③ 而且他除了对"学员大力进行培养外，还尽力介绍社会上的会计人才就业。"

黄炎培先生毕生致力于研究、试验以及推行职业教育，在长期的职业教育理论体系探索和职业教育实践中，形成了较为完整的中国近代职业教育思想体系和理论体系。黄炎培职业教育的思想核心是教育必须与

---

① 黄炎培.黄炎培教育文选[M].上海:立信会计出版社,1985:44.
② 黄嘉树.中华职业教育社史稿[M].陕西:陕西人民教育出版社,1987:30-31.
③ 潘序伦.潘序伦回忆录[M].北京:中国财政经济出版社,1986:31.

职业建立联系，其思想观点对潘序伦影响很大。潘序伦在 1928 年创办立信会计学校时曾说过：立信采取的教育方针和方法完全照搬了中华职校的教育理念。而后，潘序伦吸收了黄炎培先生的教育理念并在实践中不断创新，形成了内容丰富的会计职业教育思想体系。

(二)"实业救国"思想的激励

清朝末期，中国有识之士面对亡国的民族生存危机提出了"实业救国"的自救口号。中国知识分子素来有"天下兴亡，匹夫有责"的家国情怀，当时国家积贫积弱，政府面对强权一再与西方列强签订丧权辱国的不平等条约，这深深刺痛了爱国知识分子和社会各界人士，一方面在全国范围内兴起了反帝反封建运动的浪潮，另一方面，许多仁人志士也在积极探索救国图存之路，提出了"实业救国""教育救国"和"科学救国"等一系列救国方案。

19 世纪末到 20 世纪初这段时间是中国民族资本主义发展的黄金期。辛亥革命后，中央和地方政府皆认识到在中国发展实业的重要性，出台了一系列扶持实业的法令法规和政策，如南京临时政府拟定的《商业注册章程》，财政部拟定的《商业行业条例》等，[①] 这一时期中国民族工商业发展具有较好的国内环境。1927—1937 年，民族工业的发展

---

① 金家富，罗银胜.潘序伦教育思想和办学实践[M].上海：立信会计出版社，1998：4.

以纺织、丝绸、卷烟、面粉等四大轻工业为主，同时一些特大型民族资本集团在 1930 年前后发展起来，比如荣氏申新纺织厂等。民办企业的数量猛增。潘序伦具有强烈的爱国精神和报国志向，在留学前就已经受到"实业救国"思想的熏陶，回国后又亲身经历了我国民族工商业的快速发展。他以"实业救国""教育救国"为己任，抓住时机，大胆改革，创办立信会计师事务所和立信会计补习学校。一方面从事会计师事务所业务以服务民族工商业、普及新式簿记方法的应用，另一方面理论联系实际培养新式会计人才。潘序伦曾明确提出：办教育是为了"培养人才、发展实业、振兴中华"，这一思想顺应了时代发展和社会经济发展的历史潮流，也体现了潘序伦会计教育思想的时代特征。

（三）会计事业发展使命的感召

潘序伦的会计教育事业还源于他急切改变当时中国会计落后状况的愿望。

学成回国后，面对当时我国工商业取得的进步，潘序伦深刻感受到社会和经济发展对各类会计人才的急切需求，也清醒地认识到传统簿记方法的缺陷，所有这些都在唤起他改变我国会计事业落后面貌的强烈责任感。"1927 年 1 月，鉴于当时工商界通用的旧式簿记亟待改进，企业会计需才孔急，我辞去了各大学的教职，自行设计了'潘序伦会计师事务所'，从事会计师业务，并编译出版会计丛书和创办会计学校，逐步形成了一个'三位一体'的'立信会计事业'。"①

20世纪二三十年代，大批仁人志士力图实业救国、推动民族工商业发展，而产生于旧式商贾票号的旧式簿记无法适应工商业的发展，会计人才匮乏制约了新式簿记的推广与传播。在这种形势下，潘序伦清晰地认识到建立现代会计制度、培养"优越"会计人才对当时国家和社会发展的重要性。他曾写道："鉴于我国工商组织之不健全，经济情况之不振，以为必需确立现代会计制度，使工商业依循正轨，始能获得稳固的发展与繁荣。因即立下信心：以教育会计人才供国家社会应用为己任。"②

在民族工商业迅速发展的同时，知识界和实业界也发生了一场深刻的会计变革。针对旧式簿记的种种弊端，以潘序伦为代表的会计改革方和以徐永祚为代表的会计改良方之间，展开了一场关于引进西方会计彻底改革中式簿记还是改良中式簿记的会计革新大讨论。双方在进行学术讨论的同时，也都积极使用各种方式在实务界推行各自的会计革新方案，潘序伦通过从事会计师业务、开展会计学术研究、撰写论文以及编译出版会计丛书等多种方式，阐明自己的改革观点，积极投身于会计改革运动。在这场会计变革中，两个学派都在深耕工商企业的会计领域，深化各自推崇的新式会计落地应用。在这一过程中，潘序伦清晰地认识

---

① 潘序伦.潘序伦回忆录[M].北京:中国财政经济出版社,1986:23.
② 金家富,罗银胜.潘序伦教育思想和办学实践[M].上海:立信会计出版社,1998:6.

到引进西方先进的会计理论、对旧式簿记改革势在必行,而培养新型会计人才是会计改革是否成功的关键。他说:"本所创立之初,即深觉各公司商号及工厂之会计制度,简陋残缺,实有改进之必要。然欲改良各业会计制度,自必先从造就相当之会计人才入手。""处现时代的立场,欲负改进会计之使命,盖非创办会计专科学校以造就高等专门人才不可。"①

经济发展需要现代会计制度,而现代会计的发展呼唤新型会计人才。正是在我国会计事业亟待快速发展的历史使命感召下,潘序伦先生开启了立信会计教育事业,在会计人才培养的长期实践中创建了他的会计教育思想。

二、会计教育思想的内涵

潘序伦的立信会计教育事业是在当时我国会计人才极其缺乏、培养体系极不完整的状况下不断探索、不断改进、持续创新而逐步形成的,其会计教育思想是他毕生从事会计研究、会计实务与会计教育的理论概括和实践结晶,其内容博大精深,体系完整,独树一帜。关于潘序伦教

---

① 潘序伦.潘序伦文集[M].上海:立信会计出版社,2008:385-386.

育思想的内涵，已有不少学者做过研究，但是观点不一，各种观点存在比较大的差异。笔者仔细阅读了潘序伦的有关文献，主要从教育宗旨、教育原则、培养任务和教育制度等方面进行梳理。

（一）以培养人才为目的的教育宗旨

潘序伦的会计教育事业有着明确的方向，就是适应国家和社会的需求培养会计人才。

第一，坚持办教育的宗旨是培养人才。潘序伦在回忆录中写道："我办学校的目的是为了培养下一代。"① 潘序伦早在1924年所写的《近来中国之高等商业教育》一文中就强调："设立学校的宗旨第一要单纯为培养人才，不可夹杂其他的目的。"他尖锐地批评并告诫那些"想借办学名义发些横财，壮一壮腰包"的人，"办学到底无甚大利可图""不出一两年，就如烟消火灭""诸君如果要想借开办商业学校发财，自己的商业政策尚且不妥，将来教导出来的高徒，能够运筹帷幄决胜千里么？"② 可见，他对"夹杂其他的目的"而办学的行为深为不齿。

最初潘序伦所办会计补习学校是依托立信会计师事务所进行的，在事务所附设会计补习学校的原因"不仅为谋本所业务之发展，以期于社会有所贡献，而于提倡会计学术及养成会计人才两端，亦曾尽其最大之

---

① 潘序伦.潘序伦回忆录[M].北京:中国财政经济出版社,1986:35.
② 潘序伦.近来中国之高等商业教育[J].教育与人生,1924,2(59):1.

努力""培育人才，则为百年树人之计，其意义更为远大"。①

第二，倡导办学要服务国家经济和社会发展。潘序伦早期的教育思想有着浓厚的"实业救国"和"教育救国"色彩。他希望通过办学培养有用人才以服务国家经济发展，解决社会生计问题，促进国家独立富强。潘序伦20世纪20年代辞去大学教职，自办会计师事务所和会计补习学校，正是缘于当时国内采用新式簿记和会计制度的工商企业"为数极少"，而且会计界的"许多人士都有改革旧式簿记的要求"。在立信会计补习学校招收的学员中，除了在工商企业工作的"青年小职员和练习生"外，还"录取失学、失业青年入学"，补习学校的学生"多系失学、失业青年，他们为了取得一技之长，以便谋求职业"。② 更难能可贵的是潘先生敢于打破重男轻女的封建传统观念，广收女生入学，他认为"妇女适宜于做财会工作"，要求立信学校在录取学生时，不论性别，只以成绩为标准，使女生入学人数逐步上升，后期有些班级女生甚至超过一半，如1948年1月上海立信职训班毕业生71人，其中女生竟占48人；又如1948年春，上海立信专科学校入学人数167人，其中女生达到79人，为实现教育平等和促进妇女就业做出了贡献。③ 图5-1为1949年前后立信会计专科学校的女学生们（照片由马卫老师提供）。

---

① 潘序伦.潘序伦文集[M].上海:立信会计出版社,2008:345.
② 潘序伦.潘序伦回忆录[M].北京:中国财政经济出版社,1986:31-34.
③ 罗银胜.中国现代会计之父——潘序伦传[M].上海:立信会计出版社,2017:35.

图 5-1　立信会计专科学校的女学生们（1949 年前后）

立信会计补习学校的创立，推动了新式会计的传播，有利于当时工商业的发展；与此同时，失学失业的年轻人通过补习会计知识与簿记技术，能较快地上岗就业。1927—1947年20年间，潘序伦的立信会计补习学校举办了40届，为全国多地培养了数万名会计实用人才。潘序伦坚信在新式会计人才极为缺乏的民族工商业发展初期，"惟有优越之会计人才，庶政府与企业之会计能日臻于完善，间接足以促进国家社会之进步，收效迅速而宏大"。①

潘序伦在晚年仍然坚持培养会计人才，为国家建设和经济发展服务。他指出："当前我国正进入社会主义现代化建设，把全部经济工作转移到以提高经济效益为中心的新的历史时期。而财会工作在提高经济效益中，担负着控制经济活动，提供经济信息，核算经济效益，预测经济前景，参与经营决策等极其重要的任务。但是，目前我国财会人员的现状，与所担负的重要历史任务是不相适应的，迫切需要迅速加强财会队伍建设，提高财会人员素质、理论水平和业务能力。"② 图5-2为年事已高的潘序伦先生仍然孜孜不倦地坚持学习和工作的照片；图5-3为潘序伦先生在立信会计专科学校复校后首届毕业典礼上发表讲话的照片。

---

① 潘序伦.潘序伦文集[M].上海：立信会计出版社，2008：345-347.
② 向《广东财会》编辑部致祝愿——岭南会计学界同仁和我们上海同仁共同策励前进，广东财会，1984(1)：1.

图 5-2　年迈的潘序伦先生仍坚持学习

图 5-3　潘序伦先生在立信会计专科学校复校后首届毕业典礼上发表讲话

党的十一届三中全会后，潘序伦不顾年事已高所遇到的种种困扰，为了适应祖国现代化建设对会计人才的需要，他提出倡议并四方奔走，积极开展工作，在上海市财政局、教育局等相关部门以及立信校友等多方支持下，上海立信会计专科学校、立信会计师事务所和立信会计出版社等得以恢复，使立信会计事业在新形势下继续展现光彩。正如他所说："一生夙愿，在共产党的领导下得到发扬光大，我真万分高兴。"不仅如此，他还将"文化大革命"后落实政策返还资产与工资等剩余部分35 000元悉数捐出，并以此为基础发动校友等募捐100 000元人民币，作为立信会计专科学校优秀学生的奖学金，一心一意期望"为祖国造就更多更好的会计人才"。[①]

（二）以诚信为本的教育原则

"诚信"是潘序伦会计教育思想的核心。诚信教育是他终其一生所坚持的教育原则。潘序伦以"立信"命名会计补习学校和会计专科学校，体现了他所开办的教育事业至高无上的根本原则，后来形成了"信以立志、信以守身、信以处事、信以待人、毋忘'立信'、当必有成"的立信会计学校24字校训。这一校训内涵丰富，包含了立志、守身、处事、待人等方面的原则，沿用至今，成为立信办学的最大特色。

潘序伦的"诚信"思想对我国会计事业的发展产生了深远的影响。

---

① 潘序伦.潘序伦回忆录[M].北京：中国财政经济出版社，1986：58.

2002年3月,时任国务院总理的朱镕基在《政府工作报告》中提出:"要切实加强社会信用建设,逐步在全社会形成诚信为本,操守为重的良好风尚",从政府层面进一步强调诚信原则,使"诚信为本"成为我国会计职业道德中最重要的内容之一。图5-4为时任国务院总理朱镕基在2001年为北京国家会计学院的题词。

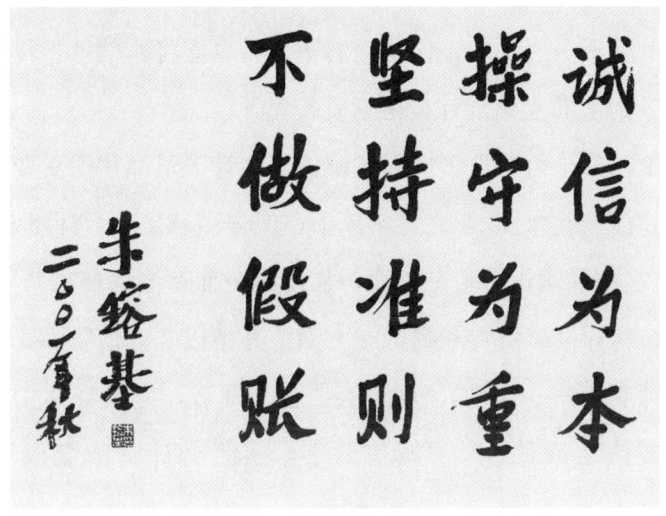

图5-4 朱镕基题词

无论是培养实用人才的立信会计补习学校,还是在培养高级会计人才的立信会计专科学校,潘序伦都大力倡导和推进诚信教育。他经常教导学生们做人处事都必须遵守规则、信守承诺,严禁弄虚作假,并且还会利用一切机会与老师和学生们强调信用的重要性。1941年,立信会计专科学校第一批学生即将毕业，潘序伦为了加强学生们对于立信精神的认识，还特请词曲家潘伯彦、丁善德制作立信校歌。校歌歌词分为三段，其中第一段"立信，立信，正其本"，契合了校名，也对应了校训。1980年10月，在立信会计专科学校复校后首届学生开学典礼上，潘序伦发表讲话，他充满感情地讲述立信的优良办学传统，强调要以"建立信用"为目标，当老实人，说老实话，办老实事。他这样做的目的就是让"立信"思想深入人心，让学生们毕业后也能将诚信思想贯彻到工作中。图5-5为上海立信会计金融学院校歌。

潘序伦在其论著中也多次强调诚信与会计人员品德的重要性。如在《敬告国内有志于会计职业之青年》中，他告诫有志于会计职业的青年，"不可不先在德性学识经验三方面，加以充分而适当的修养"，[①] 这里的"德性"，包括守信、负责和耐劳三方面，其中以"守信"为先。在《中国之会计师职业》一文中，他指出："会计师者，应具有独立自由之地位，高尚诚信之道德"，"诚信两字，实为会计师职业成功失败之所系"。[②]

在《会计师职业与信用制度之关系》文章中，他提出："完美之会计师，必具优良之道德，高深之学识，充分之经验与干练之才能四项，

---

① 潘序伦.潘序伦文集[M].上海:立信会计出版社,2008:432.
② 潘序伦.中国之会计师职业[J].会计学报,1928(创刊号):209-220.

151

图 5-5 上海立信会计金融学院校歌

① 上海立信会计金融学院校歌创作于 1938 年,词作者是潘序伦先生的长兄、上海圣约翰大学潘伯彦教授;曲作者是上海音乐学院原副院长、作曲家丁善德教授。

故恒能根据其观察之所得,对各企业之内容,为平允诚确之评论。"① 在《会计师秘诀》这篇文章中,他强调:"学识、经验及才能,在会计师执行事务之时,固无一项可缺,然根本上究不若道德之重要",并揭示"诚信二字,尤为会计师成功秘诀之最大要素也"。② 1983 年,在潘序伦 90 多岁时,还专门撰写文章《谈谈会计人员的职业道德》,阐述其毕生弘扬的诚信教育思想和会计职业道德。

潘序伦在兴办教育的过程中,首倡会计诚信文化,将品德教育嵌入职业教育中,是当时我国职业教育的重要创新。有学者也印证了这个观点:"潘序伦兴办的职业教育,注重德育、智育、体育的全面发展,尤其是大力倡导诚信教育,显然是既适应了职业教育的特点,又超出职业教育的一般规格,在当时的中国,应该属于新式教育事业。"③

(三)以职业为重的培养任务

潘序伦认为,教育要考虑学生未来的职业,立信会计学校的重要任务就是让学生掌握会计的知识与技能,毕业后能够胜任所从事的专业工作,为国家和社会做出贡献。教育家黄炎培先生曾提出要"沟通教育与职业""主张以教育培养人才来开发祖国富源,振兴民族工商业,以职

---

① 潘序伦.会计师职业与信用制度之关系[J].经济汇报,1928,4(1):8-9.
② 潘序伦.会计师秘诀[J].生活周刊,1928,3(21):227-230.
③ 徐光寿.论潘序伦诚信教育思想的特点[J].思想政治课研究,2015,216(06):10-14.

业技能来培训学生以解决社会民生问题,使人民安居乐业"。① 潘序伦的会计教育思想深受黄先生的影响,主张"求学与任职必使其合而为一"。我国著名记者、出版家邹韬奋对潘序伦这一观点大为赞赏,称该主张及实施方法"尤获我心",并亲自为潘序伦的这个观点的书信写了编者按。②

潘序伦的会计教育有着浓厚的职业教育色彩,特别是立信会计补习学校的教育,更是将教育与职业的沟通放在首位。他在《从职业补习教育说到本校》一文中开篇讲到补习教育的目的时指出:"职业教育有两句标语:第一句是'使无业者有业',第二句是'使有业者乐业'。没有相当职业的人,大约因为没有职业上相当的知识和技能。要想得着相当的职业,一定先要把职业上的知识和技能学会,这是正式职业学校的任务。"③

(四) 以严格著称的教育制度

潘序伦在回忆录中总结其60年教育体会时,将"严格要求、精心培育"列为第一条,他说:"我凭自己求学的经验,治学素主严谨,重

---

① 金家富,罗银胜.潘序伦教育思想和办学实践研究[M].上海:立信会计出版社,1998:9.
② 邹韬奋.求学与任职合而为一潘序伦书信编者按[J].生活,1931,6(08):173-174.
③ 潘序伦.从职业补习说到本校[J].会计季刊,1931(2):1-4.

视教育质量。"① 他曾多次强调立信学校坚持严格和实用的培训方针。潘序伦在整个教育教学生涯中十分重视教育制度的建立和完善，以保障教学质量，这也是他教育思想的重要组成部分。

1924 年，潘序伦从美国学成归国，曾担任上海商科大学教务主任兼会计系主任和暨南学校商学院院长。在校任教期间，他不仅将西方现代会计学中的复式簿记理论和方法引入教学中，培养了中国最早接受现代会计专业教育的大学生，而且承担了繁忙的教学管理工作，对商学院办学中出现的问题进行细致地梳理，提出了改进办法，形成了规范的教学制度。

潘序伦在 1925 年所写《改进暨南学校商科大学旧制高中计划书》中，对暨南学校商科大学中的学年编制、学科分系、学程改进、学分选读和学校设备等五个方面的制度规范进行了详细分析说明。第一，关于学年编制。当时大学招收的中学生存在两种不同的学制，新制中学分初、高两级共修学 6 年，而旧制中学学生修学则少 1 年。针对这个问题，潘序伦根据近两年的办学经验并参考南洋群岛一带的做法提出：在学校设立预科一年级，旧制中学学生入学后"一年卒业，升入本科"。"此举之利益，一可以使本校招生时，免除上述之困难；二则俾旧制中学卒业生，得有升学之机会；三则肄业年限延长，学科程度及种类，亦

---

① 潘序伦.潘序伦回忆录[M].北京：中国财政经济出版社,1986:33.

可随而增进也"。① 第二，关于学科分系。商科大学因初办时经费紧张等原因，仅设普通商业一个系，潘序伦分析了学校的生源情况和当时社会的人才需求情况，提出要在下一年分设普通商业系、银行理财系、会计统计系、国际贸易系和工商管理系5个系，以满足"国内外之需要"，以便使学生"各就其性之所近，选习一科，专精一艺，将来服务社会，较易有效"。第三，关于学程（相当于现在的培养计划）改进。原来学校仅设一系，"各级所习课程，自不免泛而不专，普而不精"，分系后"则各系内各重要科目，自应另开学程"。潘先生精心设计了5个系的学程表，表中详细列出了所需要学习的课程名称、每周时数及修习时间（半年或一年）、每学期学分、预修（先修）课程等多项内容。第四，关于学分选读。参考国内外高校的先进经验，潘序伦提出将商科大学原有的学年制改为学分选读制，以便更好地满足学生的个性化发展以及转系、转学来的学生完成学业。他还拟定了《选科学分制草订办法》，规定大学修业生168学分以上始为毕业，并对不同专业以及各年级学生每学期必修学程及学分均做了具体规定。第五，关于学校设备。为了解决学校图书馆藏书少设备缺乏的问题，潘序伦提出了相关资金筹措的办法，还拟订了《商科学生加收学费办法》，规范学校的收费管理。

为了落实上述改革计划，潘序伦不仅与全体商科学生进行认真的沟

---

① 潘序伦.改进暨南学校商科大学旧制高中计划书[J].暨南周刊,1925(3):9-18.

通说明，继而组织教员们进行讨论，并提请学校董事会讨论通过，这些改革举措也得到了当时暨南大学校长姜琦先生的大力支持并在暨南大学推行实施。而后这一改革计划书相关信息还公开发表在《暨南周刊》上。

该计划书是潘序伦已发表的文章中为数不多关于学校制度改进的文献。从中我们可以看出：首先，潘序伦十分重视建立科学和完善的办学规章制度，虽然他主政暨南学校商科大学的时间不长，但是对办学所遇到的各方面问题掌握于心，并制订了详细的制度以规范教学管理。其次，他善于吸收国内外先进教学管理经验，并根据当时的办学实际进行改革与创新。该计划书所体现的教学改革思路开阔、富有前瞻性，在当时国内尚属首创。他提出改大学的学年制为学分选读制，在那个年代是十分先进的办学理念和勇敢的尝试。

潘序伦在立信各类会计学校的创办和管理过程中，对学校建章立制工作非常重视。他在《本所附设会计补习学校创办日校缘起》一文中专门申明："日校章程，业已草定刊印，共分初中高三级，除各种簿记会计外，凡一切与会计从事人员有密切关系者，亦设专科研究之，并有必修选修之分，以资伸缩"。在《本所创办立信会计专科学校缘起》文章中，他也郑重说明："学校一切章则，均按照教育部所颁发法规办理，期于最短期内，呈部立案。"[1]

---

[1] 潘序伦.潘序伦文集[M].上海:立信会计出版社,2008:385-387.

立信会计学校的日常管理也非常严格。潘序伦在谈到立信会计学校的管理时曾说：立信学校"坚持严格和实用的培训方针。首先，在学习时间上，保证每学期授课二十个星期，上课一律点名，规定在一学期内学生缺课三分之一以上，不能参加期终考试，迟到早退三次作旷课一次。其次，在考核学习成绩方面，各类学校都严格实行考试，补习学校规定七十分为及格，不及格者不准毕业"。再次，在财务管理方面，立信对各类办学形式的学费标准都有严格规定。立信是私立学校，其经费来源主要依靠学生所缴的学费，如"立信补习学校收取学费以各科每星期上课时数为标准。初级班在一学期内每小时收学费一元五角至一元七角，中级、高级班每小时收二元至二元五角。""另外学校还对无力缴付学费的学生订有减免费的办法，一般可减少三分之一至三分之二"。① 潘序伦在担任立信会计学校校长时，尽管会计师事务所的业务繁忙，仍亲自主持校务，一切坚持"认真"二字，对师生都是高标准、严要求。要求教师认真备课，认真批改作业；要求学生认真听课，认真做练习题。考试也是很严格的，考试成绩达到 70 分才是及格标准，考试作弊要开除学籍。

潘序伦认为："有一套严谨的教育制度"是立信会计学校之所以能

---

① 潘序伦.立信会计学校的创办和发展[M]//龙一圆.立信史话.上海：立信会计出版社，1993：6-8.

迅速发展壮大的重要原因之一。① 有学者研究发现，在"立信档案室保存了大量潘序伦从严治校的原始记录，仅在1942年下半年，在潘序伦主持下，校务会议多次研究强调加强教学管理"，形成了多项管理制度和办法。②

（五）多样化的教育方式

潘序伦开创的立信会计教育，适应当时社会上普及与提高的不同需求，采用了多样化的教育方式，形成了完整的、多层次的会计人才培养体系。我国著名会计学家杨纪琬先生评价说：潘序伦主持创办的立信会计学校，"多渠道培训，多形式办学，广开学路，多出人才"，"一切从当时当地实际情况出发，多方创造有利条件，便于不同行业、不同地区、不同水平的青年都能有获得不同层次的会计专业知识的学习机会，在短时间内就能培养出大量的有用人才"。③

立信会计学校的主要办学方式有：

1. 补习夜校

1927年，潘序伦利用立信会计师事务所晚上的空闲时间开办了第一期训练班，从第二期改为夜校式的立信会计补习学校。"这一教育方

---

① 潘序伦.潘序伦回忆录[M].北京：中国财政经济出版社，1986：34-35.
② 金家富，罗银胜.潘序伦教育思想和办学实践研究[M].上海：立信会计出版社，1998：60.
③ 杨纪琬.序[M]//潘序伦.潘序伦回忆录.北京：中国财政经济出版社，1986：6.

式基本上是为了适应业余人员的需要。学生都是各企业或机关的在职人员","其中一部分是旧会计人员为适应改账需要而来学习的,一部分是适应社会对西式会计人员日益增长的需求而来学习的"。① "由于讲求实效,符合社会需要,学生人数逐年增加,班级、课程也逐步增多"。②

2. 函授学校

1930年开始,立信会计学校设立了函授学校,以满足无法到上海求学的外地学生的学习需要。据1947年年底的统计数据,报名参加立信函授学校学习的学生有7 063人,遍及20个省市,还有中国香港、中国澳门地区和东南亚一些国家的学生,影响面很大。

3. 专科学校

立信会计补习学校"九载以还,入学者为数已达七千余人",取得了相当的成就,但是因为学生们在校学习时间太短,"学习的课程较少且浅,难以成为高级会计专业人才","处现时代之立场,欲负改进会计之使命,盖非创办会计专科学校以造就高等专门人才不可"。③ 1937年,潘序伦创建了正规高等学校——立信会计专科学校,以培养高级会计人才。

---

① 潘序伦.立信会计学校的创办和发展[M]//龙一圆.立信史话.上海:立信会计出版社,1993:5-6.
② 潘序伦.潘序伦回忆录[M].北京:中国财政经济出版社,1986:30.
③ 潘序伦.本所创办立信会计专科学校缘起[J].立信月报,1937(10):1-2.

4. 高级职业学校

创办立信会计专科学校后，潘序伦又相继在上海、重庆和广州三地筹建了高级会计职业学校，主要接纳初中毕业生或同等学力学生投考。

立信还设有晨校、星期日校，服务不能读夜校的在职职工；日校，又称速成班，针对失学失业青年和外埠来沪求学的学生而设立。此外，1950年，为普及簿记知识，立信会计学校还与上海人民广播电台联合举办高级簿记讲座，产生了较大影响。图 5-6 为潘序伦先生在立信会计专科学校和立信会计职业学校总校校牌前留影①；图 5-7 为重庆立信会计学校师生向潘序伦先生赠送锦旗。

图 5-6　潘序伦在立信会计专科学校和立信会计职业学校总校校牌前留影

---

① 图片由上海立信会计金融学院文博中心副主任李益老师提供。

图 5-7　重庆立信会计学校师生向潘序伦先生赠送锦旗

三、立信会计学校的办学实践

潘序伦主持创办的立信会计学校，是立信会计事业的重要组成部分。从1927年创办"簿记训练班"，1928年发展成为"立信会计补习学校"，由此开始，潘老先生开启了为国家和社会培养会计人才的漫漫职业之旅。在长达60余年的历程中，他艰苦创业，勤于探索，深入实践，大胆创新，创建了独特的立信办学模式，培养了数以万计的会计专门人才。总结立信办学实践,在很多方面都有明显的创新特色。

(一) 高标准的教师选拔

要实现办学的宗旨和目标,师资力量是不可忽视的重要因素。潘序伦十分重视教师的选拔,他所建立的师资队伍主要有两个来源:一是从立信会计师事务所的会计师以及部分立信会计学校的优秀毕业生中选拔。这一部分人员实际工作经验丰富,又有比较全面的会计理论知识,善于从实际出发讲授会计课程,对于培养能够胜任会计专业工作的人才起到了至关重要的作用。而且由于这部分教师边工作、边教学,还十分重视从问题出发开展学术研究,真正做到了理论联系实际,将"产学研"一体化。二是从社会上聘请著名学者、专家和教授来校任教,组成一支兼职教师队伍。黄炎培、马寅初、黎照寰、黄逸峰、章乃器等都曾受邀在立信学校担任过教师,这使立信会计学校具有了一支既接实践地气又联系学科理论前沿的师资队伍,保障了学校的教育质量。

(二) 务实性的专业训练

"立信学校要求学生毕业后能胜任会计实务工作,因此,坚持严格和实用的培训方针"。①

---

① 潘序伦.立信会计学校的创办和发展[M]//龙一圆.立信史话.上海:立信会计出版社,1993:6-7.

潘序伦主张"学验并重",在总结其60年的教育体会时谈道:立信学校的一条重要经验是"边学边做,讲究实效"。他指出:"要掌握会计专门科学,如同医师一样,必须亲自动手实践,才能真正学到手。"① 为了贯彻切合实用的教学方针,立信学校采取了多种措施。

第一,特别重视课后练习,不仅让学生在每次课后做练习题,巩固课堂所学内容,最后还有实习题,"使学生通过实习,对整个簿记过程有一个模拟实践机会"。为了方便学生加强练习,学校还专门编印习题应用簿册和实习题应用案例。

第二,实行助教改卷制度,对各项习题编有详解,由助教掌握,认真改卷,对学生复看演习题有无错误,让学生思考如何纠正错误,这样更有利于学生理解和掌握所学知识。

第三,经常组织学生去工商企业和政府机关参观、实习,还派成绩优良的学生参加事务所的查账实习,后期学校还让学生参加立信会计师事务所附设"会计职业咨询所"工作。通过这些实践活动,不但使学生加深了对课堂理论知识的理解,也培养了学生的实践动手能力。值得一提的是,由于立信会计师事务所与立信会计学校的天然联系,加之事务所本身又具有与企业业务联系频繁的有利条件,学生在事务所的实习经历使其毕业后一到工作岗位马上便能从事实际工作,

---

① 潘序伦.潘序伦回忆录[M].北京:中国财政经济出版社,1986:33-35.

因而扩大了学生的就业机会，许多实习学生和查账员毕业后就被机关、企业留用。

第四，增加珠算、书法和应用文等课程，要求学生苦练基本功，为毕业后胜任工作打下良好基础。

第五，"产学研"结合的授课方式。立信培训学校的授课教师大多来自会计师事务所。这些教师拥有丰富的实际操作经验，经办过大量的案例，教案结合实际、内容丰富，讲解生动。

（三）切合实际的自编教材

潘序伦在教学过程中发现当时流传的教科书比较落后，为解决立信学校的教材问题，专门成立编辑科，由顾准、黄祖方、王谵如等主要负责编译工作；学校采用的教材都是他亲自组织经验丰富的会计师或者优秀的毕业生编写的，他们从现实需求出发，自编讲义，经过两三个学期的试讲，不断进行补充修订，再经过事务所编辑科编辑审定后，才成为正式的教科书，并由出版社作为大学丛书出版发行。

潘序伦对编写教材有着严格的要求：第一，"材料必须切实，各书所作学理和实务的讨论，都要按照我国实情，特别注意法律规定和商界习惯"，以满足社会需求。第二，"说理不厌详明，力求学者阅读以后，即可全部明了"，不可模棱两可，使学生难以理解。第三，注重教材系统完整、结构合理，"务使巨纲细目，枝节相承，组织系统，可合可分"。第四，文笔力求通畅。书稿大多由潘序伦亲自审校，总是"数度修饰，待全部顺妥而后定稿"。① 为了克服我国当时会计名词不统一、翻译词汇不一致的难题，潘序伦与顾准联合编撰了《会计名辞汇译》一书，不仅方便了立信会计教材的编写，也极大地推动了我国会计名词的规范统一。

此外，潘序伦还十分重视会计学教材的更新，他经常提醒教师，"决不能使我们立信课堂上采用的教材老化、陈旧！"②

据不完全统计，潘序伦先生亲自主持编辑的"立信会计丛书"，"从1930年至1953年止，共汇辑各种会计、审计、簿记专著、教材213种，是当时国内唯一的会计系列丛书"，③ 获得了学生和读者的一致好评，在我国会计历史上产生了深远的影响。科学严谨、切合实际而又与时俱进的自编会计教材，成为立信会计教育不可忽视的重要组成部分，同时也助力立信会计学校迅速发展壮大。

（四）全面发展的多种举措

潘序伦在办学实践中努力将学生培养成为有用的专业人才，也特别

---

① 潘序伦.立信会计学校的创办和发展[M]//龙一圆.立信史话.上海:立信会计出版社,1993:12.
② 朱肖鼎.试谈潘序伦的育才思想[J].苏州大学学报,1993:(3):136+144.
③ 金家富,罗银胜.潘序伦教育思想和办学实践研究[M].上海:立信会计出版社,1998:56.

注重学生的全面发展。他认为会计是"科学中的社会科学",与社会、经济的发展保持一致,所以主张会计人员不仅要熟悉会计业务,还要学习自然科学、社会科学、哲学、心理学等知识。他强调,会计人员不仅要学好专业的基本知识,而且对于与会计学有关系的学问,如理论经济学、经营经济学、法律、金融、财政等等也应有深湛的修养。只有具备了这些根基之后,才能明白会计学发展的原因和趋势,才能对于一切大的或小的会计问题有解答的可能。面对快速发展的外界环境,会计人员应该广泛学习,认真消化,才能适应社会发展。

为了让学生得到全面发展,潘序伦除了在专业学习方面严格要求外,还采取多种举措促进学生的成长。如增加习字课程、加强珠算练习等办法,使学生的基础技能训练得到可靠保证;为了训练学生阅读英文书籍和担任英文会计工作或外贸会计工作的能力,学校曾设英文簿记课,或参用英文习题;立信学校还经常举办簿记、珠算、会计等各种学习竞赛,既能提升学生们学习的积极性,又有利于培养学生锐意进取的竞争意识。

潘序伦也十分重视学生的体育锻炼,并经常对学生进行职业道德教育和纪律教育,一方面是为了增强学生的体格锻炼,另一方面也是为了培养其良好学风和工作作风。他在《创业散记》一文中写道:"我还十分重视学生的体质训练,规定学生每周要上体育课,每天早晨要做早操,我天天和教务主任、训育主任、总务主任带头参加。这样做,无非是为了培养好的学风,使我校的毕业生们走上工作岗位时,能对所任工作认真负责"。① 原立信学校的体育馆就是潘老自己捐资兴建的,命名为"序伦体育馆"。1948年春天,重庆立信高级会计职业学校举办运动会,潘序伦夫妇从上海赶到重庆,亲自观摩运动会并且鼓励学生们坚持锻炼,做到"成绩好、作风好,更重要的还要身体好",潘老亲临运动会鼓舞了在场的学生们。他希望广大学生能够提高自身身体素质,成为德、智、体全面发展的人才,以便更好地为社会服务。图5-8为立信会计专科学

图5-8　立信会计专科学校学生篮球队合影

①　潘序伦,创业散记[J].人物,1983,(6):65.

校学生篮球队合影；图 5-9 为立信会计专科学校学生篮球联赛冠军队合影；图 5-10 为立信会计专科学校参加运动会的学生留影；图 5-11 为身着运动服的立信会计专科学校在校学生。①

图 5-9　立信会计专科学校学生篮球联赛冠军队合影

① 图 5-8 至图 5-11 照片由马卫老师提供。

图 5-10 参加运动会的立信会计专科学校学生

图 5-11　身着运动服装的立信会计专科学校学生

（五）勤俭节约的办学传统

潘序伦历来提倡节约，讲究精打细算、勤俭办学，这是立信建校以来始终保持的优良传统。立信会计学校是私立学校，经费来源主要是向学生收取学费和少许杂费。立信学校招收的学员大多是失学失业的青年和工商企业、政府机关的小职员，一般家境都比较清寒，学费不可能收得太高。他倡导办教育要"取之于社会，用之于社会；取之于会计，用之于会计，取之于学生，用之于学生"。这都体现了潘序伦无私奉献的精神。

一方面潘序伦在办学过程中特别节俭，尽力做到自力更生。"无论在上海、重庆还是桂林、天津，开始时都是租用中小学夜间空闲教室上课，或者利用机关、团体、企业的房屋，和他们合作办校"；① 补习学校的教师职员和管理人员大多由立信会计师事务所的会计师或会计员兼任。他们全是义务劳动，不在学校领取兼职薪水；房租、水电、通讯、维修以及日常教学等费用，都精打细算，不允许有浪费。

另一方面，学校必要时也不得不争取"外援"，潘序伦争取的学校的"外援"由人力、物力和财力三方面组成。20 世纪 30—40 年代，立信会计学校在人力方面的"外援"主要是指师资方面。学校广泛征聘了数百位校外的会计专业人员和一般工作人员，担任日夜校教职员工；又征聘国内政治经济、工商管理等学科的专家，为立信会计用品社编写各科教材。在物力方面的"外援"主要是图书的收集。立信学校在建校过程中征集到中外图书 5 万余册，其中最大的捐赠人是校董会副董事长王云五，捐赠了 2 万册左右，其次是潘序伦的胞兄潘伯彦，捐赠了线装书 3 000 多册，潘序伦本人也把藏书 2 000 多册全部捐赠。在财力方面的"外援"是指，1942 年迁往重庆以及抗战胜利返回上海以后，因需要大量资金购建校舍，潘序伦率先将他作为会计师的大部分收入捐作建筑基金；还有立信同仁、校友、同学所募集和立信图书用品社支付给学校的

---

① 潘序伦.潘序伦回忆录[M].北京:中国财政经济出版社,1986:35.

版税捐作建筑基金；此外通过扩充校董会，向商界募捐，使学校筹集的建筑基金规模进一步扩大。

潘序伦先生关于教育成本的论述从学术研究的视角反映了他的勤俭办学思想。他在1980年前后接连在《文汇报》《光明日报》发表了《开展"人才会计"的研究》《培养人才也要计成本》等文章，提出了"人才会计"的概念，即"用货币形式来计算国家或某一企业，某项事业对于培训各种所需要的人才所支出的费用金额，并计算被培训成才的人，是否能为国家，为某一企业，某项事业获得若干成果。假使所获成果、利益，超过培训他们的费用、投资，就是国家、某一企业、某项事业的纯收益，否则就是纯损失"。① 在教育成本方面他提出了两个重要观点：一是学校培养人才要与社会需求相适应，这样才不会造成人才成本的浪费；二是学校成本对象要以管理需求为标准，计算培养学生所需的成本、学期或学年成本、学分成本、课日成本和课时成本，以成本作为收取学费的依据。他尖锐地指出了我国学校教育事业基本采用全包形式"不作经济核算"的弊端，提出了进行教育制度改革，推行收费教育制度的观点。潘先生还根据当时的情况提出了"统计式"学校成本会计核算方法，设计了12张学校教育费用归集和分配的不同格式的表格，提出了一整套严谨科学的核算方法。近年来，高校会计制度实行改革，财政部和教育部要求学校计算教育成本，而潘序伦在40多年前就提出了计算高校教育成本的理念

---

① 潘序伦.潘序伦文集[M].上海：立信会计出版社，2008：540.

以及核算方法，这也充分彰显了大师思想的前瞻性和创新性。

四、会计教育思想与实践的创新特征

创新理论阐明：创新的核心是创新思维，是人类思维不断向有益于人类发展的方向动态变化的改变。潘序伦的会计教育思想的形成与发展，恰是契合了这一创新理论。

潘序伦学成归国后，适逢我国民族工商业快速兴起时期，"实业救国""教育救国"的历史潮流，是那个年代突出的时代特征。潘先生顺应国家和社会发展对会计人才急切需求的历史呼唤，树立起"培养人才、发展实业、振兴中华"的明确目标，开启了立信会计教育的航程。

潘序伦汲取中国传统文化的精髓，借鉴西方信用文化的内涵，根据会计工作的内在需要，提出"诚信为本"的会计教育原则，并将诚信思想具化为会计学校的校训：立信。后来他又将"立信"的内涵拓展为"信以立志、信以守身、信以处事、信以待人、毋忘'立信'，当必有成"，作为至高无上的事业信条。

鉴于当时的工商企业和政府机关极其缺乏具有新式簿记知识和技能会计人员，同时旧中国又存在大量的失学失业青年，潘序伦以推广新式簿记服务企事业单位和帮助年轻人就业为己任，因地制宜、因材施教，采用了多样化的办学方式,建立了多层次的会计人才培养体系。并且注重教育与职业的沟通,将学校的培养任务定位于让立信的学生掌握会计的知识与技能、具备扎实的实战能力,毕业后能就业、能胜任专业工作。

潘序伦在办学过程中,主张"学验并重",创立了完整的课后练习、模拟应用和实地实习等实践学习体系,创建"产学研"一体化的办学模式;不断改革和完善教学管理制度体系;结合国情和工商业现实,撰著和编译出版教材,满足教学需要;采取多种措施,培养德、智、体全面发展的会计人才。

潘序伦主持的立信会计教育事业无论从纵向探究、还是从横向观察,创新无处不在,既有思想理念的创新,也有制度的创新,更有教育方法的创新。潘序伦先生的会计教育思想创新,是在其创办的立信会计教育事业不断向有益于国家和社会发展的方向动态变化中形成的。

立信会计教育事业的发展是一部不断进取创新的历史。总结潘序伦的立信会计教育事业创新特征,主要表现在如下方面。

(一) 思想创新

潘序伦是中国会计教育思想的先行者,他坚持理论与实务相结合、历史与现实相统一、传统与创新相结合,育人与职业相沟通,从古老的中国传统文化中萃取出"立信"校训,将"诚信"凝练为会计职业道德的核心。潘序伦完整而科学的教育思想体系、新颖而宽阔的办学思路引领着立信会计教育事业健康发展，为国家和社会培养了一批又一批的会计人才，吸引了众多的青年投身会计事业，并逐步成长为我国会计事业的中坚力量，在国家经济建设和社会发展中发挥了积极作用。

（二）模式创新

潘序伦一生致力于我国的会计教育事业发展，从设立潘序伦会计师事务所，到创办立信会计学校，再到主持编著出版"立信会计丛书"和建立立信图书用品出版社，一步一个脚印，最终形成了"三位一体"的立信会计事业。在"三位一体"的立信会计事业发展体系中，会计教育与会计师事务所的业务、会计图书教材的撰著编译以及出版社的运营不仅服务了社会，同时也相辅相成，互为支撑。立信会计师事务所不仅为立信学校提供师资资源和实习场所，而且其业务收入也秉持"取之于会计，用之于会计"的理念成为支持办学的重要经费来源；编译出版的教材更是直接助力学校教学，也为学校提供了资金和物资支持；而学校在为国家和社会培养专业人才的同时，也"为会计实务和会计出版提供了人才保障，还为会计出版提供了'试验之田'，有利于切实提高出版物的质量"。[①] 将会计人才培养置于"三位一体"的立信会计事业中，最终达到持续不断的良性循环。

---

① 彭秋龙.潘序伦精神的本质内涵及当代意义——纪念潘序伦诞辰130周年[J].新会计,2023;169(1):4-12.

借助于"三位一体"的立信发展平台,潘序伦先生最大限度地整合资源,探索出"产学研"相结合的会计人才培养模式,极大地提升了办学效率。现阶段我国的高校也在积极倡导"产学研用"的发展模式,当然,今天高校的"产学研用"与潘序伦当年所创的产学研模式在内涵和外延方面有不少差别。但是,近百年前潘序伦所创造的这种办学模式,是我国教育史上的重大创新。

(三) 方法创新

立信会计学校之所以能够迅速发展,其中一个重要原因是充分考虑了学生的生源情况,用多样化的教学方式满足培养人才的现实需要。潘序伦与立信会计师事务所同仁由簿记训练班开始,而后发展成为补习学校,考虑不同生源的学员需求和有限的办学资源,采用夜校、晨校、星期日校、全日制的速成班等多种教学形式;还设立函授学校,用函授方式为外地学生教学;而后又举办了会计专科学校和高级职业学校,形成了初级训练班、中级中专、高级专科不同的办学层次。多样化的教学方式和多层次的办学形式有机组合,成就了潘序伦主导的立信会计教育的完整体系。创新原理中的组合原理告诉我们:把现实中分立的因素有机地加以排列和组合,以形成一种新事物或产生一种新结果,这种组合方式在创造性思维中起着十分重要的作用,正如爱因斯坦所说:"组合作用似乎是创造性思维的本质特征"。

第六章

潘序伦
出版思想与创新

潘序伦先生是中国会计出版的先驱。他创立的立信会计出版事业是其"三位一体"立信会计事业的重要"一位"。潘序伦开创的立信会计出版事业以服务社会为目标，以立信品牌为基础，以专业出版为主攻方向，以传播会计学术研究成果、普及现代会计知识为重点，着力打造会计精品图书和优秀刊物，勤于探索，勇于创新，砥砺奋进，在传承中华民族优秀传统会计文化和推进我国现代会计发展方面功不可没。[1]

民国时期中国会计改革派人物李云良先生曾高度评价潘序伦及其编译出版事业："潘序伦先生曩主各大学会计讲席，桃李成荫，传授至广。十年来，以会计师为业，所计既当，声誉鹊起，蔚为斯业之泰斗。而迩岁以还，鉴于我国会计学术之消沉，毅然于从业之余，竭其精力财务，以宏斯学于中国。既编《立信季刊》，风行于世。复有'立信会计丛书'之著述，方兴未艾。以一人之力，导我先河，诚可

---

[1] 窦瀚修.改革开放进程中的会计出版责任担当——立信会计出版社改革开放实践探索[J].新会计,2019:(4):6-17.

谓毅勇卓绝者矣！"①

立信会计出版事业发展经历了三个主要历史阶段：(1) 20 世纪 30 年代初至 1941 年 5 月，其间设立立信会计编辑科。由潘序伦主持编辑和出版"立信会计丛书"和立信会计系列刊物；(2) 1941 年 6 月至 1956 年年初。1941 年 6 月由潘序伦和出版家邹韬奋主持的生活书店，在重庆共同出资创办立信会计图书用品社。立信会计图书用品社从商务印书馆收回"立信会计丛书"的纸型，自己开办印刷厂，编撰、编译会计类图书；(3) 1986 年至今。1986 年 9 月立信会计图书用品社正式恢复；1993 年 4 月，立信会计图书用品社更名为立信会计出版社；2009 年，出版社实现转企改制，成立立信会计出版社有限公司（简称立信会计出版社）。出版范围是以会计为主的包括财政、金融、统计、经济、管理等财经类图书。

1956 年 2 月至 1985 年，在社会主义改造和公司合营背景下，立信会计图书用品社编辑部人员组成新知识出版社第四编辑部，然后从新知识出版社划出成立上海财政经济出版社，后又并入上海人民出版社，保留上海财政经济出版社社名。图 6-1 为立信会计编译所编委扩大会议合影照片②。

---

① 李云良.读编辑立信会计丛书经过书后[J].出版周刊,1934:(100):14-16.
② 图片由上海立信会计金融学院文博中心副主任李益老师提供，立信会计出版社美术编辑吴博闻老师进行了编辑加工。

图 6-1 立信会计编译所编委扩大会议合影

一、出版思想产生的基础

立信会计出版事业在会计专业知识与思想的传播过程中，具有不可替代的重要地位。立信会计出版社"出版了会计教材、专著、译著、工具书、教科书、辅导书、会计相关应用图书等超过百种，印发量达数百万册"，这些图书对"促进会计学科理论和实践发展，发挥了舆论导向作用，在当代仍有较高的理论价值与实践意义"。立信会计系列期刊"刊发了一系列高质量文章，为学术研究指明了方向，发挥了专业刊物应有的学术影响力，是会计学术研究的指南"。[①]

潘序伦的出版思想是在会计出版领域探索和耕耘的经验结晶，极具引领性和创新性。他提出的编辑原则、编辑出版方法，保障了立信图书与刊物出版的质量，对于我国出版事业的发展也具有一定的指导意义。潘序伦出版思想的产生有着鲜明的时代特征和深刻的社会基础。

（一）社会发展的现实需要

20世纪初叶，我国会计业务水平很低，会计学术几乎是空白的。[②] 当时我国的民族工商业处于较快的发展时期，从社会发展需求看，中式簿

---

① 胡玉明.珍贵的会计史料　经典的学术文献(序)[M]//计学之辉——潘序伦书刊述评精粹编委会.计学之辉——潘序伦书刊述评精粹.上海:立信会计出版社,2023:9-10.

② 罗银胜.潘序伦学术思想及活动评述(上)[J].上海会计,1990,(7):2-4+48.

记采用收付记账法，不能进行一次性的账务平衡，科目种类繁多，账户无分类，账簿无组织、无一定格式。面对近代工商经济的财务管理需求，中式簿记逐渐暴露出其与新兴经济发展不相适应的种种弊端。从培养人才需求看，当时大学里攻读会计专业的学生不多，从事会计研究的学者更是寥寥无几，学校使用的会计学教科书大多是外文原版，少数译著以簿记居多，缺乏高深之作，也不切合我国法律商情，更谈不上有影响力的会计学术研究成果。正如潘序伦所说："我国会计学术，导源虽古，而进步甚迟。至今各地旧式企业机关所用之会计制度，仍不脱单式簿记之窠臼，至习新会计者，其所见所闻之原理实务，又多囿于欧美之成说与先例，而与我国之法律商情，辄有扞格不相合之弊。"①

潘序伦早在留美期间，先后写过一些经济、会计方面的论文，寄回上海发表在《大陆周报》等媒介上。学成归国初期，潘序伦就职于高等学府教授会计科学，根据教学需要编辑出版过一些英文版教材。后来，潘序伦辞去大学教职，创办了立信会计师事务所和立信会计补习学校。在管理会计师事务所业务时，他感到中国的工商企业缺乏先进会计理论和新式簿记人才的支撑，处理会计业务也缺乏规范的会计制度作依据；在办学过程中，遭遇到的重要问题之一是缺乏适合国情商情的高水平教材。

---

① 潘序伦.《会计学》序言[J].立信会计季刊,1934,2(6):349-353.

那个时代的中国新式簿记人才匮乏，引进国外先进会计理论的载体欠缺，开展会计学术交流的平台不足，学校教学使用的会计教材不仅短缺而且质量不高。这些亟待解决的社会难题也促使潘序伦走上了开创立信出版事业之路。

（二）西方先进会计理论的影响

从 19 世纪末到 20 世纪初，西学东渐进入新阶段，维新派康有为、梁启超、谭嗣同和严复等著书立说，宣传西方的民主思想、政治制度，西方文化思想开始在中国传播，大量西方思想文化著作被翻译出版。在这种背景下，曾留学日本、历任驻美公使馆翻译至参赞的蔡锡勇，以意大利的借贷记账原理为蓝本，历经数载研究，终于写成《连环账谱》一书，成为中国介绍和引进西方借贷复式簿记的倡导者之一。1905 年《连环账谱》出版，不仅开创了我国引进西方复式簿记的先河，而且开启了我国近代会计发展史上的新篇章。潘序伦 1941 年曾撰写论连环账谱的论文，全面介绍了作者蔡锡勇及《连环账谱》一书的基本内容、主要方法及账簿体系，系统地阐述了《连环账谱》的科学原理，并对该书进行了客观的评价。1907 年我国第一个注册会计师谢霖出版了《银行簿记学》，把西方的借贷记账法引入银行界。① 学者们引进的西方会计

---

① 聂增华.对民国时期我国引进西式簿记的探讨[J].技术与市场,2008,(3):62-63.

理论与方法对潘序伦的出版思想产生了积极的影响。

潘序伦青年时期留学美国,在哈佛大学系统学习了会计专业的多门课程和西方先进的会计思想与学术成果,打下了扎实的新式会计理论基础。回国后,他仍不断关注西方会计理论发展的新动向。潘序伦在其会计师执业过程中,深刻认识到"中式簿记"已经不能适应我国近代商业经济发展的需要,会计变革势在必行。他认为编译和出版西方会计论著,传播先进会计理论和介绍新式簿记知识,时不我待。

(三)国内会计发展的环境影响

20世纪初,我国的会计事业蓬勃发展,会计学术氛围日益浓厚。1918年,谢霖取得北京政府农商部颁发的第一号会计师执照,在北京组织了"正则会计师事务所";1921年,徐永祚在上海成立了"徐永祚会计师事务所";1925年,上海会计师公会成立;1927年,潘序伦在上海设立"潘序伦会计师事务所",后更名为"立信会计师事务所"。当时的政府部门陆续出台了会计师相关法律规定,1918年,北京政府农商部颁布《会计师暂行条例》;1927年,国民党政府颁布《会计师注册章程》;1929年,立法院制定《会计师条例》。此后,《公司法》《会计法》《营业税实施细则》《所得税暂行条例及实施细则》等相关法律法规相继出台。这些法律条文的颁布实施促进了会计业务的发展。1934年,潘序伦和徐永祚等人发起成立了中国会计学社,"该学社章程中有一项职能是编译会计书报,这一举措有力地推动了会计出版事业的进一步发展"。①

(四) 业界知名专家的影响

这里所说的业界实际上可以分两个领域,一是会计界,二是出版界。从会计界看,尽管当时我国的民族工商业处于较快的发展时期,但是整体上还是比较落后,中式簿记由于本身固有的缺陷无法满足新兴工商企业发展的财务要求。在这种背景下,一批会计学者怀揣"实业救国"理想,积极引进西方会计理论与方法,兴办会计师事务所开展会计审计业务活动,通过办学培养新式会计人才,通过著书撰文活跃我国会计学术,知名度和影响力逐渐提升。这些中国现代会计先驱从学术角度相互探讨,在业务发展上相互竞争又相互扶持,会计业界这种发展氛围对潘序伦的立信出版事业发展产生了积极的影响。例如,潘序伦在回忆录中说起办刊时曾受到徐永祚的影响:"在我致力于编辑丛书的时候,我的上海同行徐永祚会计师在1933年1月起编印了《会计杂志》月刊,受到了当时工商界和会计界人士的欢迎。我也不甘落后,于同年7月,将原来立信同学会编印的《会计季刊》重新复刊,自第二卷起改名为《立信会计季刊》。"② 后来潘序伦主办的《立信会计季刊》在当时的会

---

① 赵新民,彭秋龙.近现代立信会计出版事业的历史贡献及经验启示[J].出版与印刷,2021,(5):94-103.

② 潘序伦.编辑出版立信会计丛书[J].财务与会计,1984,(6):35-36.

计界和中国会计出版界都产生了很大的影响。

  从出版界看,潘序伦受出版家邹韬奋、王云五等人的影响较大。20世纪20年代潘序伦开始编译的"立信会计丛书",是由商务印书馆出版发行,商务印书馆是我国出版业中历史最悠久的出版机构,1897年创办于上海,1954年迁址北京。立信与商务印书馆合作时期,著名出版家王云五负责该印书馆的运营。王云五对"立信会计丛书"的出版发行给予了极大的支持,也与潘序伦结下了深厚的友谊。抗战爆发后,商务印书馆迁到中国香港,受时局与当时的条件制约,无力继续为"立信会计丛书"正常出书,在王云五的帮助下,商务印书馆将"立信会计丛书"等图书版权交还给立信。1941年6月,潘序伦与主持生活书店的著名出版家邹韬奋集资在重庆创办了立信会计图书用品社。邹韬奋、王云五等出版家不仅对立信出版事业的创建给予了大力的支持,其办刊理念、管理方式和出版风格等也直接或间接地影响了潘序伦创办的立信出版事业。

二、出版思想与"立信会计丛书"

  "立信会计丛书"是潘序伦从事编译出版工作的代表性成果,是繁荣会计学术的重要阵地,为中国会计事业的发展立下了不可磨灭的功绩。潘序伦主持编纂的"立信会计丛书"是一项长期而复杂的工程,既是认真细致的翻译、编撰和出版等具体工作,更是范围广泛、内容深刻的会计学术研究活动。潘序伦在编辑出版"立信会计丛书"的过程中,逐步形成了体系完整的出版思想。

(一) 出版思想的内涵

潘序伦曾在《服务》期刊上发表了题为《编纂立信会计丛书之动机与经过》的论文,专门阐述编纂"立信会计丛书"的动机和编辑出版过程中的相关事宜。在其他论著中,潘序伦也多次谈及"立信会计丛书"的内容;立信会计师事务所编辑部在1934年第6期的《立信会计季刊》发表了《编辑立信会计丛书之经过与现状》一文,对编译出版"立信会计丛书"的背景、宗旨、方法和内容等进行了详细的研究与说明。上述多篇文章中的论述展现了潘序伦出版思想的脉络。

契合中国国情商情的编辑动机、贴近会计发展现实的编辑宗旨、合理的编辑原则和科学的编辑方法,是潘序伦出版思想的重要内容,也是中国近现代出版思想的重要创新,对后来出版事业的发展有着积极的影响。

1. 编辑动机

"立信会计丛书"编纂始于1928年。随着经济和社会的发展,潘序伦及同仁深切体会到会计的重要性,"上而国家地方之财政,次而工商企业之经营,下至个人家庭之收支,莫不须借会计","良以管理收支及经营企业上所有一切方略之决定与实行,均有赖于正确详明之账目,以为根据,而会计纪录,即为是项目标而作者也"。但是以前我国并不重视会计,以至于会计学方法简单。"至于今日,国家地方财政之未能整理,工商企业经营之未能发达,以及个人家庭经济之管理失当",虽然其中的原因很多,而会计制度不完善,是其主要原因之一。① 当时潘序伦在上海已经成立了立信会计师事务所,在执业过程中,"深感会计智识之未曾普及,会计学术之未尽发达,以为会计人才之缺乏,为我国工商事业会计改进之障碍"。② 而且在立信会计办学过程中发现,"教科书大都是外文原版,少数译著以簿记居多,缺乏高深之作。"③

因此,为适应国家和社会经济发展的需要,潘序伦在会计师事务所内设置了一个编辑科,配备了一批专职人员,并由他亲自领导,开始编译簿记、会计、审计等书籍,以"立信会计丛书"形式出版各类会计书籍。

2. 编辑宗旨

潘序伦及编辑科同仁编辑出版"立信会计丛书"的宗旨主要体现在两个方面。

一是推进会计学术研究。当时西方各国会计理论及实务已经取得一

---

① 立信会计师事务所编辑部.编辑立信会计丛书之经过与现状[J].立信会计季刊,1934(6):253.
② 潘序伦.编纂立信会计丛书之动机与经过[J].服务,1940,3(5-6合刊):1-2.
③ 潘序伦.潘序伦回忆录:六、编辑出版立信会计丛书[J].财务与会计,1984,(6):35-36.

些新成果。我国的学者也在奋起直追，开展会计学术研究。"在今日之我国，对于会计学之研究，实为吾人当务之急矣"。① 与此同时，立信会计师事务所的会计师们"日间从事会计业务，晚上多在学校兼课"，不仅积累了大量实务经验，对社会现实有着深刻的理解，而且因为业务和教学的需要也对会计理论的研究产生了极大兴趣。于是，潘序伦"分拨时间，集合同志，开始编著'立信会计丛书'"，"只求丛书内容完备，切合实用，不惜牺牲巨量之时间与经费。是区区推进学术之微意，当为全国会计界所鉴许也"。②

二是满足办学教材需要。他创办会计补习学校以培养会计人才，因为缺乏适合我国学生和研习者使用的、具有较高水平的会计教材与读物，潘序伦着手编著了《高级商业簿记教科书》《公司会计》（后改名为《股份有限公司会计》）两本教材。到了1933年，立信会计补习学校已经办了五年，"高级学校设立渐多，教材亦日感缺乏。当时各界人士对于会计专门知识日益认识其重要，而立信会计师事务所同仁数年来执秉教学所获心得与经验，似亦觉有加以整理发表之必要。故是年秋季，一方创办《立信会计季刊》，同时亦即开始编纂整个立信会计丛书之计划。"③

---

① 立信会计师事务所编辑部.编辑立信会计丛书之经过与现状[J].立信会计季刊，1934，(6)：253-268.

② 立信会计师事务所编辑部.编辑立信会计丛书之经过与现状[J].立信会计季刊，1934，(6)：253-268.

③ 潘序伦.编纂立信会计丛书之动机与经过[J].服务，1940，3(5-6合刊)：1-2.

3. 编辑原则

潘序伦在编辑"立信会计丛书"之初,订立了四项编辑原则。一是材料必须切合实际,以满足社会之需求;二是说理不厌详明,以满足读者需要;三是编制注重合理,以达到"大雅"编辑目标;四是文笔力求畅达,以达到完善编辑标准。①

4. 编辑方法

在编辑"立信会计丛书"的过程中,遵循上述原则,第一,各书所作学理和实务的讨论,都要按照我国实情,特别注意法律规定和商界习俗。其中备作教本者,对于课程标准,教材分配,均须详细研讨。书成之后,先用油印成讲义,在会计补习学校经二三个学期试讲后,如果有不妥之处,根据教学效果和师生们讨论的意见,反复修改,直到教师学生都满意才正式付印。教材每章之末,都附有极丰富的问题和习题,以备学生练习。第二,对于书中的理论研讨和实例的说明,其中重要的内容均不厌详明,列举例题,反复申述,力求通俗易懂,使学者阅读后能够全部明了,而无模棱费解或一知半解。第三,书籍编辑要注重合理,用心计划,"务使巨纲细目,枝节相承,组织系统,可合可分";第四,"文笔力求畅通",书稿完成必须多次修改,"待全部顺妥"后才能定

---

① 立信会计师事务所编辑部.编辑立信会计丛书之经过与现状[J].立信会计季刊,1934,(6):253-268.

稿。① 在编译过程中，还专门聘人修饰中文，务必要求流畅易学。

上述编辑原则和方法保证了"立信会计丛书"具有较高的编辑质量，因此，"立信会计丛书"颇受社会欢迎，流传海内外，在解放区也受到欢迎。"解放初期曾任中国人民银行行长的曹菊如同志，在参加二万五千里长征途中，还身怀立信出版的《高级商业簿记》一书"，可见"立信会计丛书"传播之广。②

5. 编辑内容

关于"立信会计丛书"的内容，潘序伦及编辑科同仁有数篇文献对当时"立信会计丛书"的编辑情况进行总结和介绍，对了解和研究"立信会计丛书"具有很重要的价值。立信会计师事务所编辑部1934年所写的《编辑立信会计丛书之经过与现状》文章中，对当时已经出版的十二种书和未来两年预计要出版的十七种书做了介绍，包括书名，作者，书籍的主要内容、特点、使用对象以及发行情况等均作了详细的阐释。

该文章列出已出版的书籍有：

（1）《高级商业簿记教科书》潘序伦编著

（2）《英文高级簿记会计》潘序伦编著

---

① 潘序伦.立信会计学校的创办和发展[M]//龙一圆.立信史话.上海:立信会计出版社,1993:12.

② 管锦康.先岳对会计审计学术的贡献[M]//龙一圆.立信史话.上海:立信会计出版社,1993:64-67.

(3)《会计学》潘序伦编著

(4)《高级会计学》潘序伦　王澹如编

(5)《公司会计》潘序伦编著

(6)《成本会计》劳伦斯著，潘序伦译

(7)《成本会计教科书》潘序伦编著

(8)《政府会计》潘序伦　王澹如编

(9)《银行会计》顾准编著，潘序伦校订

(10)《交通会计》张心澂编著，潘序伦校订

(11)《各业会计制度》（第一集）各专家著，潘序伦编

(12)《会计名辞汇译》立信会计名辞讨论会编著

正在编辑待出版的书籍有：

(13)《审计学》潘序伦　顾询编著

(14)《审计学教科书》潘序伦　顾询编著

(15)《查账报告书及工作底稿》顾询　钱迺澂编著

(16)《审计问题》顾询　钱迺澂编著

(17)《会计问题》（第一、第二集）陈文麟　施仁夫　唐文瑞　顾准等编

(18)《会计数学》李鸿寿　莫启欧编译

(19)《各业会计制度》（第二、第三集）各专家著，潘序伦编

(20)《立信会计论文集》各专家著，潘序伦等编辑

(21)《铁路会计》张心澂编著

(22)《管理会计》潘序伦编著

(23)《决算表之分析与解释》黄组方编著

(24)《中级会计学教科书》陈文麟编著

(25)《银行会计教科书》顾准编著

(26)《无形资产论》杨汝梅（众先）著

(27)《遗产会计》潘序伦著

(28)《会计学大全》本所编辑部全体同仁编辑

(29)《会计学辞典》本所编辑部全体同仁编辑

上述29种书籍中，由潘序伦先生亲自编著、翻译与校订的图书有20本左右。可以想象潘序伦先生对这套丛书花费了多少心血！

1939年立信会计师事务所编辑所写《二年来之立信会计丛书》一文，对1937年以来"立信会计丛书"中修订重新出版的5本书、新编写出版的8本书和正在编辑准备出版的4本书进行了总结和说明。[1]图6-2至图6-9分别为"立信会计丛书"中的《劳氏成本会计》《初级商业簿记教科书》《成本会计教科书》《审计学教科书》《会计学教科书》《公司会计准则绪论》《初级成本会计》《无形资产》。[2]

---

[1] 立信会计师事务所编辑部.二年来之立信会计丛书[J].立信月报,1939,2(1):8.
[2] 图6-6至图6-9由南京大学朱元午教授提供。

图 6-2 《劳氏成本会计》

图 6-3 《初级商业簿记教科书》

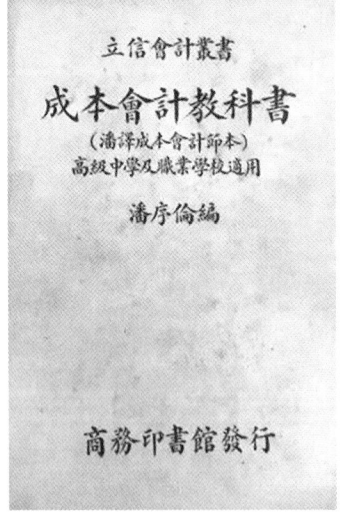

图 6-4 《成本会计教科书》

图 6-5 《审计学教科书》

图 6-6 《会计学教科书》

图 6-7 《公司会计准则绪论》

图 6-8 《初级成本会计》

图 6-9 《无形资产》

（二）"立信会计丛书"的发展

1. 抗日战争之前

1940 年潘序伦在《服务》期刊上再次发表文章，进一步阐述编纂"立信会计丛书"之初衷与经过，对丛书编辑的内容进行说明，并总结了"立信会计丛书"出版在不同阶段的不同特征，从"稍树基础"，到"稍树规模"，再到具备"会计范围内各种学科之书籍"。①

（1）当时已经编辑出版的书籍。从 1933 年开始，到 1935 年夏为止，成书 14 种，"丛书逐获稍树基础"。从 1935 年到 1937 年，又出 10 种，共出 24 种，"前后五年之间，丛书幸得稍树规模"。潘序伦十分重视拓宽丛书的编辑出版范围，文中特别强调了"友人张心澂、吴蕚诸氏，特为丛书，著交通会计、铁道会计及实用官厅会计诸书，是又弥足珍感也。"②

（2）重新修订出版的书籍。自 1937 年至 1940 年，修订的图书丛书有 11 种。已经出版和修订后重新出版的书籍两者加起来已达 35 种。

（3）正在编辑即将出版的书籍。1940 年修订已竣，即将印刷发行的有 3 种；新编辑即将出版的书籍有 5 种甚至更多。这样"立信会计丛书"编辑出版的书籍就将达到 40 多种，"凡在会计范围内各种学科之书籍，已经稍稍具备矣"。

---

① 潘序伦.编纂立信会计丛书之动机与经过[J].服务,1940,3(5-6 合刊):1-2.
② 立信会计师事务所编辑部.二年来之立信会计丛书[J].立信月报,1939,2(1):8.

(4) 编辑方针与计划。经过一段时间的发展,"立信会计丛书"达到一定的规模后,潘序伦先生更加注重提升丛书的水平和质量。在谈到编纂丛书的方针,与以前是有所不同的,主要有两点:第一,由于国内会计实务与会计学术均有较快进步,对已经编辑出版的旧作,尽量采用近十年来我国实际发生的理财与会计经验,以及欧美日益进步之会计理论,加以修订,务求各书内容既切实用,以期渐臻完善,"不蹈空论,复能不因会计学术之进步而减少其价值"。第二,新版各书,除少数初学入门书籍以外,多数要选专门性质著述,要偏重专门会计学科,或一般会计较精深的研究,"此则以过去十年来我国会计学术已有极大的进步,各界于会计之了解已较普遍,专门研究已感必要故也。"①

抗日战争期间,上海被日军占领,编辑与出版机构不得不迁离上海。受时局影响,商务印书馆无法满足"立信会计丛书"的出版发行需要,立信会计学校向商务印书馆收回了丛书的版权。1941年,潘序伦在重庆成立了立信会计图书用品社,立信会计书籍的编辑、出版、发行自成体系。尽管抗战期间国内环境恶劣,潘序伦等除"参加救国公债劝募委员会及其他救护,救济慰劳团体之会计工作,仍认为学术工作不能中止","立信会计丛书"的修订与编辑工作也一直在苦苦坚持,从未停歇。

---

① 立信会计师事务所编辑部.二年来之立信会计丛书[J].立信月报,1939,2(01):8.

2. 抗日战争胜利之后

抗日战争胜利后，立信会计学校和立信会计图书用品社总部迁回上海。新中国成立前，潘序伦计划集中精力研究会计新理论，组织力量成立了"立信会计编译社"，新中国成立后更名为"立信会计研究编译社"。为解决财会教材奇缺的问题，又组织原立信会计研究编译社的部分人员，于1981年2月成立了立信会计编译所，专门编辑"新编立信会计丛书""立信财经丛书"，立信会计出版从此又进入了新的发展时期。特别令人赞赏的是，新中国的成立激发了潘序伦先生发展会计事业的热情，他以惊人的毅力，自学了俄文，努力学习苏联的会计理论和经验，翻译出版了一批苏联的会计书籍，还亲自编写出版了《苏联会计述要》《国营企业会计概要》等书籍。

潘序伦先生在其回忆录中说："至1956年年初立信会计图书用品社结束时为止，先后共出版发行各种会计书籍不下一百五六十种，其中由我著作、翻译和主编约有三四十种。"①

(三) 精品书籍之一:《会计名辞汇译》

潘序伦在立信会计出版事业中，秉持他所制定的四项编辑原则，在图书编辑出版中，坚持高标准、严要求。因此，出版的"立信会计丛

---

① 潘序伦.潘序伦回忆录:六、编辑出版立信会计丛书[J].财务与会计,1984,(6):35-36.

书"有很多精品力作,在会计学界产生了很大影响,《会计名辞汇译》就是其中的代表作之一(见图6-10)。

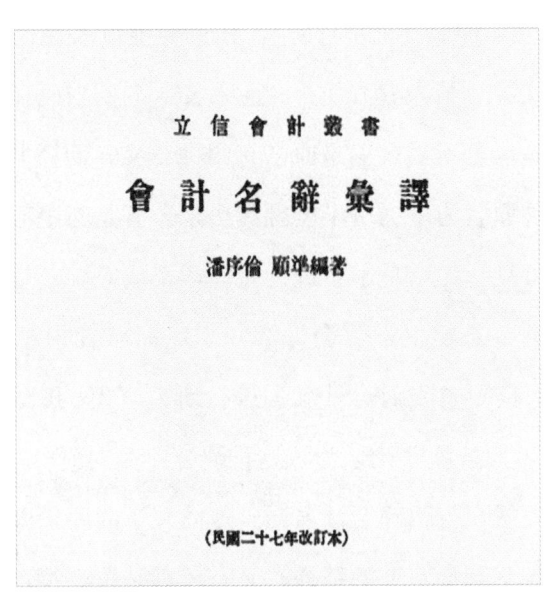

图6-10 《会计名辞汇译》一书

1.《会计名辞汇译》编译出版背景

潘序伦在会计学术研究中,十分重视学习西方先进的会计理论,引进新式会计制度,并结合中国国情探索运用,以促进我国会计业务和会计教育水平的提高。但是,在引进西方会计理论和教材编译过程中,遇到的突出困难是会计名词不规范、不统一。潘序伦曾感叹:"我国最近二十年来,新式会计日渐通行,研究者日渐众多,会计书籍亦年有出版,惟因多系译自外国而来，译名各不统一，研究者咸觉有烦难之感。"①

当时会计学发展最快的国家首推美国，因而会计著作和教材译自美国的也比较多。但翻译"殊非易易"，其主要困难潘序伦在其《会计名辞之研究》一文中总结为五方面：一是原名本不妥当而译者仍直译；二是原名妥当但是译名不妥；三是原名有两种意义，而译名只翻译出一种意义；四是有种原名为中文所不能翻译出来；五是有些原名翻译出来后嫌生硬。由此可见，无论是学者进行会计学术研究，还是会计著作教材的翻译出版，抑或是学生学习会计学知识，都需有相对统一的会计名词。因此，学界需要首先对会计名词进行研究，"俾我国之会计名词可渐臻于一焉"。② 而且潘序伦认为，这种研究不是对每一个名词的研究，而应该是系统地研究与明确会计名词。这体现了潘序伦开展会计学术研究和编译出版既有脚踏实地的精神、又有较高站位的特点。

契合中国会计名词统一的需求，民国时期学者的研究形成了会计名词的统一运动。潘序伦先生所倡导和组织编写的《会计名辞汇译》一书，"每次修订出版都在社会上产生了比较大的影响，一时洛阳纸贵"。③

从近代中国会计名词统一运动的进程看，20世纪30年代之前所出

---

① 潘序伦.会计名辞之研究[J].会计期刊,1934,(创刊号):1-4.
② 潘序伦,顾准.常用会计名词之改正及其说明[J].会计通讯,1939,1(6):5-10.
③ 孙建国.潘序伦与会计科目名词统一运动[J].上海立信会计学院学报,2004,18(1):35-38.

版的会计书籍虽有附列中英名词互相对照表方便查阅，但是译名多是译者的个人主见，不尽统一。1931年，朱祖晦、程彬、舒公展等人编写和出版的《会计名辞试译》一书，收集会计名词1 200余条，并附著者拟译之名，成为民国时期首部比较系统的会计名词研究成果。与此同时，杜义田编写的《会计学名辞》和北京市财政局所编《会计科目名辞》等成果相继问世，而最为系统、产生较大社会影响的研究成果是潘序伦与立信同仁编修的《会计名辞汇译》一书。此时民国时期的会计名词统一运动呈现高潮。

2.《会计名辞汇译》的出版发行

《会计名辞汇译》初次出版。1933年，潘序伦带领立信会计师事务所同仁，开始搜集资料，准备集中编写一本关于会计名词翻译词汇书籍。他们从各家会计译著中将翻译名词开列出来，从中挑出适当的译名或者由编写组暂时拟定一个统一的译名，并加以注释。该书的编写有很大的工作量，在编译时遵循的原则为："用词力求言简意赅，适合我国习惯用语"。该书于1934年3月首次出版，共收录会计名词2 400余条。由于编写的《会计名辞汇译》书籍收录的词汇丰富，且编译质量较高，初次出版后就在会计学界产生了较大影响，对当时会计名词及会计科目的统一起到了积极的推动作用。

《会计名辞汇译》修订。该书第一次出版后，我国民族工商业正在快速发展，会计业务、会计教育和会计学研究也日趋繁荣，会计译著出版数量大幅度增加。国民政府颁布施行了一些重要法律法规文件,如1934年颁布的《破产法》,1935年公布的《会计法》,1936年颁布的《所得税法》,1937年颁布并实施的《商业登记法》等,在一定程度上使民国时期会计名词的应用日近统一。这一时期,国民政府还成立了国立编译馆,直属于教育部,掌理学术文化书籍及教育用书的编译与审查事项,兼掌统一全国学术名词的任务。针对上述情况,潘序伦与事务所同仁经过研究后认为,大多数名词已经可以统一,但也有少数名词尚有可以讨论的余地。因此,对会计名词翻译的遗漏和法律规范之外的内容进行了梳理、对比和研究,将《会计名辞汇译》一书重加修订,"逐成民国二十七年(1938年)改订本"。此次修订增加了部分名词,改订本收录会计名词近3 000条,于1939年2月由商务印书馆出版。1949年7月,潘序伦同顾询、陈文麟等一批学者在立信会计师事务所举行研讨会,就会计名词的发展变革进行了研讨,提出了《会计名辞汇译》需要新增加的会计名词,也讨论了原有的一些需要修正的名词。而后将研究成果编辑成《会计名辞增译及改译》一文,在《立信会计季刊》上首先发表。在此次修订中,该书新增收录和改订的会计名词有127个。

潘序伦在评价《会计名辞汇译》一书时十分谦虚地说:"该书出版后,曾修订过两次,对统一我国会计名词起了一定的推动作用"。[①] 事

[①] 潘序伦.潘序伦回忆录[M].北京:中国财政经济出版社,1986:37.

实上，潘序伦及立信同仁开展的会计名词研究有三方面的贡献：一是带动了我国会计科目的研究，促进了会计理论发展和会计科目的统一；二是"会计名词统一运动在会计教育方面起到了普及相关知识的作用"①；三是推动了会计翻译出版事业的繁荣发展。

（四）"立信会计丛书"的贡献

著名会计学家杨纪琬先生说："立信会计丛书在当时的中国会计学历史上，占有很重要的地位，为立信会计事业增添了光彩。'立信会计丛书'是我国自己编写的第一套比较系统、完整、水平也较高的会计著作。全国各地包括解放区也都流传很广，在发展中国的会计学理论、推动会计工作、培养会计人才等方面，这套丛书起了很好的作用。"②

潘序伦先生有一段著名的自我评价，他晚年时在回忆录中说："如果说我对我国会计学术有所贡献的话，当以编辑出版'立信会计丛书'为最"。

三、立信会计图书出版

如前所述，立信会计出版事业发展经历了三个主要历史阶段。在立

---

① 孙建国.潘序伦与会计科目名词统一运动[J].上海立信会计学院学报,2004,18(1):35-38.

② 杨纪琬.序[M]//潘序伦.潘序伦回忆录.北京:中国财政经济出版社,1986:6-7.

信会计图书用品社成立之前，潘序伦及同仁依托商务印书馆及其他出版机构出版他们所编写和翻译的教材和著作；立信会计图书用品社成立后，潘序伦先生将会计学术研究、编译书籍和出版发行融为一体，建立了具有自主品牌的立信会计出版事业。1986年复社后，立信出版人坚持特色立社，在以会计为核心的财经领域深耕细作，出版了许多精品力作，许多项目获国家级立项或奖励，进一步擦亮了立信品牌。

（一）立信图书用品出版社的创建与发展

潘序伦从商务印书馆收回了"立信会计丛书"的版权和纸型后，1941年6月，与出版家邹韬奋主持的生活书店共同投资在重庆创办了"立信会计图书用品社"，他亲自担任社长。在此期间，潘序伦继续主持编辑出版"立信会计丛书"，还扩大出书范围，涉及财政、金融、保险、贸易与管理等领域，形成一套新的丛书——"立信财经丛书"，而且还印刷账簿表单，以适应工商业会计核算的需要。1945年迁至上海后，又在桂林、南京、天津、广州和香港等地建立了出版分社，在成都、贵阳、昆明、西安等城市则设有特约经销处。①

1956年，中国对民族资本主义工商业实行社会主义改造而实施公私合营政策，立信会计图书用品社的经营业务纳入国家计划轨道，该社

---

① 孙时平，方士华.缅怀潘序伦先生，发展立信会计出版事业[J].编辑学刊，2006，(5)：78-80.

停止运营。

党的十一届三中全会后,我国经济进入新的发展时期,潘序伦先生精神振奋,积极投身于国家的四化建设,他迫切要求党和政府支持重振立信会计事业,为中国会计事业再创辉煌。在潘序伦与老校友、老同仁以及社会各界人士的帮助和共同努力下,1980年立信会计高等学校复办,紧接着1981年又恢复设立了立信会计编译所,潘序伦先生再次亲自担任主任,重启"立信会计丛书""立信财经丛书"的编辑出版,为出版社的恢复设立奠定了基础。

1986年9月,国家出版局发文批准立信会计图书用品社正式恢复办社,由原上海立信会计学院(现为上海立信会计金融学院)主办,上海市教育委员会主管。1993年4月,立信会计图书用品社更名为立信会计出版社,自此,出版社进入新时期发展的快车道。立信会计出版社在八十多年的岁月风雨中积淀了深厚的出版文化,立信出版品牌声名远播,打造了全国唯一以"会计"命名、特色鲜明的专业出版社。这一切成就得益于潘序伦及会计前辈们打下的立信底色和坚实的发展基础。

(二)立信会计图书出版情况

立信会计图书用品社在重庆期间,先后供销内地簿记会计书本30余万册,会计账簿表单25万余本。迁址上海后,业务发展更快,出版社还自设了印刷厂,特约经销处遍及全国各大城市,并向境外、海外的港澳地区和东南亚一带销售书籍。到1956年该社出版发行各种会计书籍就有190余种。

潘序伦及立信同仁出版的图书内容主要包括学术专著、学校教材、法律法规、会计审计制度、会计审计实务等多种类型，具体分类见表6-1。

表6-1　立信出版的图书分类情况表

类别	图书名称
学术研究类	《会计师业概况：研究职业分析之一》《"改良中式簿记"之讨论》《无形资产论》《公司财政》《遗产会计》《立信会计论文集》《会计数学》《会计名辞汇译》《会计学大全》《会计学辞典》《成本与生产量及生产能量之关系及其计算方法》《国营企业会计概要》《苏联会计述要》等
教材与会计知识普及类	簿记类：《簿记及会计学》《簿记初阶》《簿记商业》《初级商业簿记教科书》《高级商业簿记教科书》《英文高级簿记会计》《通用簿记教程》《高级商业簿记教程》等 财务会计类：《初级会计学》《基本会计学》《会计学（二册）》《会计学（全四册）》《会计学概要》《会计学教科书》《高级会计学》《会计学教程（1-2册）》《基本会计学——西方会计》等 成本会计类：《成本会计教科书》《成本会计（二册）》《劳氏成本会计》《陀氏成本会计》等 审计类：《审计学》《审计学教科书》等 管理会计类：《管理会计》等
法律法规类	《公司法规》《新公司法解释》《活页直接税法规》《活页工商法规》《工商奖励法规》《政府会计审计法规》《银行法》《会计审计法规》等
准则制度类	《各业会计制度（第一集）》《各业会计制度（第二集）》《中国政府会计制度》《会计制度之设计》《会计准则》《公司会计准则绪论》《成本会计制度设计方法》《中华银行会计制度》《中国现行审计制度》等

(续表)

类别	图书名称
会计审计实务类	《公司登记规则》《所得税原理及实务》《合并决算表》《收益之决定》《会计师查核决算表之原理与程序》《政府审计实务》《会计问题》《审计问题》《企业预算》《查账报告书及工作底稿》《决算表之分析与解释》《决算表之编制与内容》《决算表分析法》等
行业会计类	《银行会计》《银行会计教科书》《交通会计》《铁道会计》《电业会计》《工业会计》《公司会计》《股份有限公司会计》等
政府会计类	《政府会计》《实用官厅会计》《实用政府会计》《政府会计人员手册》等
财经及其他类	《国家经济学原理》《货币学》《银行学》《广告学》《投资学》《商业常识》《商业应用文作法》《商业概论》《商业算术》等

从表6-1所分类汇总的图书情况看，潘序伦及立信编辑出版的书籍内容极为丰富，不仅涵盖了会计学科的各个方面，而且涉及财政、金融、管理等多个领域。立信会计出版事业取得的丰硕成果对于我国现代会计的学术研究、知识传播、人才培养都产生了极大的推动作用，为服务我国工商企业、政府、银行等经济组织的会计审计业务提供了理论支撑。

四、立信会计系列期刊

潘序伦创办的立信会计师事务所和立信会计学校，不仅在从事会计审计业务和培养会计人才方面取得了令人瞩目的成绩,而且还发行了多种会计学术研究相关期刊,为我国当时的会计学术与会计审计业务交流,起到了积极的推动作用,也为研究中国近代会计史与经济史提供了不可或缺的史料。

(一) 期刊总体情况

在立信会计期刊体系中,主要有学术性期刊、时政性兼具学术等属性期刊和校友联谊交流性期刊三大类①（表6-2）。

表6-2 立信会计期刊总体情况表

类 别	主要期刊	性 质	主办者	出版周期	特 点
第一类	会计季刊 立信会计季刊 会计学报	学术性	立信会计师事务所与立信同学会	以季刊为主	注重学术研究,文章篇幅较长,单期内容丰富
第二类	立信月报 立信月刊 立信会计月报 (重庆版)	时政性,兼具学术性与资料性	立信会计师事务所与立信律师事务所	以月刊为主	社会热点问题,文章篇幅不太长,选题丰富
第三类	友讯 立信校刊	联谊性,兼具业务讨论	立信会计学校与立信同学会	不定期	联络校友、敦睦友谊、业务交流

---

① 董昕.潘序伦与民国时期的立信会计期刊的出版发行[J].中国出版史研究,2020,(2):32-44.

（二）办刊内容、特征与过程

潘序伦及立信同仁所主办的第一类学术研究性的会计期刊主要有：《会计季刊》《立信会计季刊》和《会计学报》等。

1. 《会计季刊》

《会计季刊》最初由立信会计学校同学会创办，1931年7月20日出版创刊号。当时创办该期刊的目的主要有两方面：一是服务于立信会计学校培养会计人才的目的，"我同学夙昔之经验，与乎平日研究之结果，以就教于当世明达之指正"；二是服务于立信同学会研究会计学术，研究的结果"颇有公开于同学间之必要"。① 由于时局动荡，《会计季刊》创刊后时办时停，1932年1月20日出版了第四期后停刊。

2. 《立信会计季刊》

1933年7月，潘序伦将已停刊的《会计季刊》复刊，改名为《立信会计季刊》，并亲自担任编辑（部）主任。自此该刊由立信会计师事务接手，后来业界熟知的顾询、王澹如、李鸿寿和瞿荆州等人承担或参与了这一时期的期刊编辑工作。到1935年4月1日止，该刊共出版了八期。这八期刊物登载的文稿数量不算多，仅有十几篇，但每篇篇幅都比较长，其内容既有会计学术研究类文章，也有介绍国外会计新文献的译介，很受会计界人士欢迎，对当时的会计学术研究产生了比较大的影

---

① 立信会计学校同学会.发刊词[J].会计季刊,1931,（创刊号）:1.

响。图 6-11 为《立信会计季刊》。

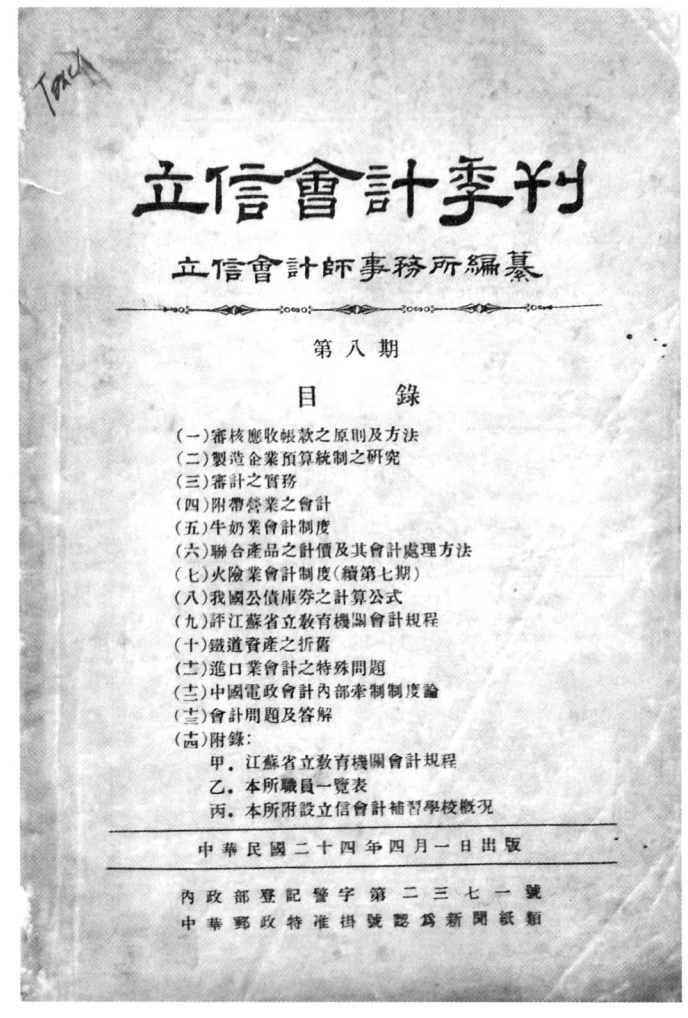

图 6-11 《立信会计季刊》

1934年中国会计学社成立,在当时会计学界比较有影响力的潘序伦和徐永祚两位先生都担任该学社的理事。为了支持学社工作,徐永祚将其1933年1月开始编印的《会计杂志》转归中国会计学社编纂,与此同时潘序伦也将《立信会计季刊》的编辑事务转归该学社,使用刊名为《会计季刊》。由中国会计学社主办的《会计季刊》自1935年7月1日出版了第一期,到1937年7月1日总共出版了九期。后来也因时局不稳等原因没有再继续办下去。

1940年6月1日,立信会计师事务所和立信会计专科学校将《立信会计季刊》重新恢复,复刊后出版的首期接续停刊时的期数,列为第九期。在《复刊弁言》中,编者说明1935年因战事爆发,亦不得不暂行停刊,而"三年以来,我国虽处艰苦抗战之中,国内会计界同仁对于会计学术之研究,未尝稍懈,更以所得税、过分利得税、遗产税条例之颁布与施征,政府主计当局于主计制度之积极推行,益增工商学术各界研究会计原理及实务之兴趣",遂决意复刊,仍为季刊。①《立信会计季刊》复刊后共编辑出版了七期,1941年12月因太平洋战争爆发再次停刊。1949年9月,该刊在上海解放后再次复刊,至1951年停刊。

---

① 编辑部.复刊弁言[J].立信会计季刊,1940,(9):封三.

3.《会计学报》

《会计学报》由立信会计学会主办，1936年8月15日创刊。① 潘序伦在本刊首期撰写了《会计学报序》一文，在谈到举办该期刊的目的时指出："夫一种科学之发达，有赖于学术界之倡导者殊多。我立信会计学校之设也，虽不敢谓为倡导会计学术之先驱，要亦负担其倡导责任之一部分"。从1936年8月至1937年5月将近一年期间，《会计学报》总共出版四期，可划为季刊类别。后来也因抗战爆发而不得不停刊。

第二类是以立信会计师事务所为主所编纂的时政性会计期刊，包括《立信月报》《立信月刊》和《立信会计月报（重庆版）》。

4.《立信月报》

《立信月报》于1936年8月15日创刊，从办刊角度看，《立信月报》形式上更专业，根据文章内容设置了栏目，主要栏目有"论述""资料""消息""通问"以及"附录"等。

《立信月报》的办刊目的主要有三方面：第一，是为立信同仁提供一个将其理论与实务经验传达给外界以服务社会的渠道。正如潘序伦在该刊的发刊词中所说：立信会计师事务所成立已近十年，"服务于社会

---

① 立信会计学会是由立信会计师事务所职员、立信补习及函授学校历届同学及有兴趣研究会计学术的人员组成的研究性组织。

之时期既久,所闻所见之事实略多",其学识经验,"实有贡献社会,以就正于当道之必要"。"本报之编,即所以为其传达之机构,冀就一切会计商事及法律方面,略输管见"。第二,是为立信同仁之间、立信同仁与海内贤达之间提供一个切磋交流的平台。"本所业务,薄负时誉,近数年来,进展较速,此皆社会人士热烈赞助之结果,然各界之期望与同仁等者愈切,则同仁等之责任亦愈大,能不益自奋勉,力求上进,编行本报,亦所以自相切磋,尤望海内贤达,予以更多之指示及批判"。第三,是为立信同仁提供一个将他们所搜集的各项有关商事法律及会计等资料公诸于世以便与社会各界共享的载体。"本所同仁,于服务之暇,恒搜集各项有关商事法律及会计方面之资料,以为执业之帮助,深觉此等资料,对于社会各界,或亦有可资参考之价值,更何敢自私其私,亦将赖本报以公诸世焉"。[1]

《立信月报》因为按月出刊,相对比较简单,每期在十几到二十页之间,内容较为精炼,形式多样,有学术性短论、观点评论、工商消息、资料发布等。与前面所办学术性期刊相比较,《立信月报》的明显特征是时政性与业务性紧密结合,经常就当时社会某一会计热点问题组稿而形成的专题性期号,如"所得税专号""遗产税专号""工商业决算问题专号""工商业增资问题专号""过分利得税专号""房地产租赁问

---

[1] 潘序伦.《立信月报》发刊词[J].立信月报,1936,(创刊号):1-2.

题专号"等。

  《立信月报》从 1936 年 8 月至 1937 年 5 月，共出版了十期月报，而后由于战事而停刊。1939 年 2 月复刊，立信律师事务所也加入期刊编纂，与立信会计师事务所共同主办。期刊仍"以贡献会计、法律、商事之意见，切磋学术，搜集公布各种资料，沟通本所业务、学校、丛书之消息为立旨"。① 复刊后主办者将以前所出十期月报作为第一卷，后面按年编卷。复刊从第二卷第一期开始，1939 年（第二卷）和 1940 年（第三卷）各出了十二期，1941 年年底，第四卷第十二期出版后由于时局动荡而二次停刊。1946 年 7 月，《立信月报》再次复刊。1947 年出版了第六卷第七期后，不再使用《立信月报》之名。

5.《立信月刊》

  《立信月刊》是由《立信月报》更名而来，更名后《立信月刊》不仅仍然沿用了月报原有卷与期的编号，其办刊主旨与风格也仍旧保持下来，而且编辑者与发行人也没有改变。1949 年《立信月刊》出版了第八卷第四期后停止发行。

6.《立信会计月报》

  抗日战争期间，上海沦陷，侵略者给上海乃至全国带来了深重的灾难，立信会计事业也未能幸免于难。1940 年 7 月，潘序伦经中国香港

---

① 潘序伦. 复刊词[J]. 立信月报，1939，2(1)：1-2.

短暂停留后到重庆另行开辟立信会计事业立足之地。《立信会计月报》在抗日战争时期由立信会计师事务所重庆（分）事务所在重庆编辑并出版发行，办刊时间为1941年1月至1943年8月。

在《立信会计月报》发刊词一文中，潘序伦阐明了在重庆出版《立信会计月报》的原因、目的和内容。其原因在于：一是抗战已历四载，全国之人力物力逐渐西移，"后方抗建工作之日亟，会计人才与读物之供不应求"，纵观后方各出版物，涉及政治、经济、军事、文化等各方面的刊物很多，但是"独于应用科学如会计者，竟不一觏（觏：遇见、看见——作者注释）"；二是在上海发行的《立信会计季刊》与《立信月报》又不能大量邮递到内地销售发行，因而潘序伦及立信同仁决定在重庆"编行本刊"。该刊设有"论述""专著""演讲""资料""专载""附录"等栏目，"其内容三分之二属于会计学术之探讨，三分之一属于会计时事之提示与评论，冀以最经济之篇幅，熔沪所两种刊物于一炉"，编者"不避重复之嫌，择要复排，以就正于内地各专家"，其目的在于满足后方人士对于会计一科的学习与研究之需求。①

《立信会计月报》虽定位于月刊，但实际上并没有实现每期都按月出版，由于种种原因有时出刊间隔时间比较长，甚至有间隔达半年之久

---

① 潘序伦.《立信会计月报》发刊词[J].立信会计月报，1941，1(1)：1.

的情况。在 1943 年 8 月出版了第二卷第六期后因重庆战事逐渐吃紧、形势混乱而停刊。

潘序伦及立信同仁所主办的第三类立信校友联络和交流的会计期刊主要有:《友讯》和《立信校刊》等。

7.《友讯》

立信同学会创建于 1931 年,以"敦睦友谊,切磋学术"为宗旨。抗战胜利后改组为立信校友会。为了方便校友之间的交流,立信同学会于 1934 年创办了《友讯》期刊。

《友讯》的办刊目的主要是密切校友间的联系、报道事务所和学校的活动与近况,同时也作为校友之间进行学术交流的一种媒介。期刊的内容"多为同学们撰写的评论、报道、杂文、地方通讯、书评、聚会演讲摘要、母校信息、执委会活动等"。[①] 该刊的出刊时间不固定,根据编辑部组到的内容而定。1941 年受战事影响,《友讯》停刊;1946 年元月,该刊复刊,仍由立信同学会出版部主编;1947 年 10 月停止办刊。

8.《立信校刊》

《立信校刊》是由立信会计专科学校和补习学校主办发行的服务于立信校友的一种期刊,1941 年 8 月创刊,其内容以总校校务、各地分

---

① 董昕.潘序伦与民国时期的立信会计期刊的出版发行[J].中国出版史研究,2020,(2):38.

校的活动与信息为主。该刊每半月一期,创刊后先后发行七期,1941年年底也因太平洋战争爆发而停刊。抗战胜利后,《立信校刊》于1947年1月复刊,至1948年6月,《立信校刊》又出版了十八期,此后停止办刊。

(三) 立信会计期刊的贡献

立信会计系列期刊的创办和发展是在当时国内民族工商业快速发展、经济法律法规逐步健全、会计的重要性日益得到社会的认可,而且会计学术氛围越来越浓厚的大环境下实现的。立信会计系列期刊,介绍了西方最新的译著与会计理念,研究了当时中国经济和社会发展中诸多会计热点问题,理论联系实际,着力推动会计学术、会计制度、会计实务的全面发展,在业界具有很强的影响力。"其系列刊物中丰富的专业内容和思想交流迸发的智慧光芒促进了中外会计学术界的交流,也带动培养了一批近代会计人才,是专业刊物中不多见的既自成体系、风格独特,又兼容并包、不断推陈出新的时代先行者"。[①]

潘序伦及立信同仁所办的立信会计期刊可以分为三类。第一类立信会计期刊的理论性较强,反映国内外最新的会计学术前沿动态。相比较而言,《立信会计季刊》的学术性强,影响力最大。潘序伦在回忆录中

---

① 董昕.潘序伦与民国时期的立信会计期刊的出版发行[J].中国出版史研究,2020,(2):43.

专门讲到《立信会计季刊》，他说："该刊由于时局影响，断断续续出刊，到1951年停刊时，共计出了18期，每期10余篇文稿，20万字左右。由于内容比较精深，又及时翻译国外会计新文献，介绍国内行业会计制度和政府财会法令规章，颇受读者欢迎。"①

第二类立信会计期刊的三种刊物中，《立信月报》和《立信月刊》从理论上讲，两刊本质上是一种期刊在不同时期使用了不同的名称，但正是由于刊名不同，外界可能更容易辨识为两种期刊，所以业界也就将《立信月报》和《立信月刊》作为立信系列刊物来对待。这两种刊物出刊时间间隔较短，又与时政紧密相联，及时关注会计热点问题，既有较高水平的学术理论文章，又有各类专业信息传达，因而具有很强的社会影响力。《立信会计月报》虽然仅在战时的后方发行，但是因为当时重庆是民国政府中心所在，又有上海立信刊物的支持，该刊办刊水平也比较高，在业界也产生了较大的影响力。

第三类立信会计期刊分别由立信校友会（同学会）和立信学校主办，主要是服务于立信校友的刊物，内容丰富，信息量大，形式新颖，很受校友们的欢迎，为凝聚校友力量、支持立信会计事业发展发挥了很大的作用。

潘序伦及同仁在立信会计系列期刊的办刊期间，受到时局影响，时

---

① 潘序伦.潘序伦回忆录[M].北京:中国财政经济出版社,1986:39.

办时辍，备受艰辛。但是，在编辑们的不懈努力下，各种刊物办得有声有色，在会计学术园圃中绽放出令人瞩目的光彩，推动了会计学术的发展，服务了民族工商业的进步和国家经济的发展，也为研究中国近代会计发展历史留下了宝贵的财富。

五、出版思想与出版事业的创新特征

（一）立信会计期刊的创新特征

第一，守正创新。守正创新包括守正与创新两个方面。"正"即正道，是事物的本质和规律。守正，就是坚守正道，坚持按规律办事。创新即改变旧的、创造新的。"创"是指有意识有目的地创造性认识和实践活动，其目标是"新"，即新的认识和实践成果。守正与创新是辩证统一的，守正是创新的前提和基础，创新是守正的目的和路径。

立信会计系列期刊之所以在十分艰难困苦的外部环境下得以发展，深受读者的欢迎，是潘序伦及期刊编辑始终坚持正道，在守正的基础上不断创新。一方面，以会计学术研究与会计业务交流为导向，在会计学领域深耕，为会计学者提供研究成果发布的载体，也为会计同行搭建了学术与业务交流的平台；另一方面，遵循期刊的办刊规律，无论是学术性期刊、时政性期刊，还是联谊性期刊，都以读者为本，以问题为导向，紧盯会计学术前沿和会计实务的热点问题组稿。如 20 世纪 30 年代立信会计期刊与其他会计杂志共同展示了中式簿记改革的大讨论，吸引了很多学者与实务界人士参与其中，不仅提升了会计理论的研究水平，也推进了工商企业的簿记革新实践。又如《立信会计月报》是立信会计师事务所鉴于抗战时期大后方对会计专业知识的迫切渴求而创办的，在短短三年中成绩斐然。身处战时险恶复杂的状况之中，该刊仍能一如既往地保持自己的特色，坚持专业、科学的办刊初衷。①

第二，贴近现实。会计服务工商企业及各种经济组织的管理活动，发现并解决会计理论与实务在服务实体经济时所遇到的各种问题，这是办刊内容创新的基础。为改变我国当时会计落后的现状，潘序伦编译和撰写关于西方先进会计理论和簿记方法的文章，发表于立信会计期刊，促进了国外先进会计理论和方法体系在中国的传播；潘序伦为推进我国会计制度体系的建立和完善，组织专家编写各业会计制度，并将组织编写的各行各业会计制度在立信会计期刊上发表，以供工商界参考；在国民政府颁布会计或经济法律法规时，立信会计期刊及时组织专号集中研讨，以帮助工商企业理解和运用。

---

① 周勇,韦博.《立信会计月报》文本分析及价值研究[J].重庆社会科学,2019,300(11):110-119.

(二) 立信图书出版的创新特征

1. 建立以诚信为本的立信出版文化

潘序伦以诚信思想引领"三位一体"的立信会计事业的各个方面。一方面，在其编辑出版的书籍中贯穿诚信文化，另一方面，在编辑和出版发行各类图书的过程中，把立信作为编辑出版人的工作准则。潘序伦不仅以服务满足工商业发展和社会需要为己任，而且是红色出版事业和革命事业的支持者。1941 年，他不顾国民党当局的阻挠，以立信会计图书用品社的名义与中共地下党合办造纸厂，为我党大型机关报《新华日报》解决纸张供应的难题；立信会计出版事业还为中国革命培育了像顾准、顾雪庄这样一批优秀的专业人士。潘序伦与其领导的立信编辑出版人几十年如一日，建立了以诚信文化为主，爱国文化、服务文化、学习文化、包容文化和创新文化等多元文化相融合的立信出版文化。

2. 创立了独具特色的立信会计出版品牌

在创新理论中，独特性是创新的一项重要原则，体现为新颖性、开创性和特色性。潘序伦先生开创的"三位一体"立信会计事业本身就是一种创新模式。这种创新模式历经风雨，不断发展，铸成闻名于世的立信品牌，传承至今。作为"三位一体"立信会计事业重要组成部分的立信会计出版也是依靠创新驱动，成为独具特色的立信会计出版品牌。立信会计出版的独特性主要体现在以下几个方面：（1）实操性。立信社自诞生之日起，编辑都是来自立信会计师事务所的执业律师，包括潘序伦先生。他们具有较高的理论功底和丰富的实践经验，编辑出版的图书理论联系实际，具有可操作性，易学易懂，如"立信会计丛书""立信财经丛书"等畅销海内外，声名远播。这种编辑出版文化流传至今，难怪有的读者坦言，立信版的《会计学原理》，读了几遍就知道怎么做会计

图 6-12　潘序伦编著的部分"立信会计丛书"

了;(2)新颖性。立信版图书的选题都是来自学术和实务一线的最新理论成果和实践总结,所以立信版图书具有较高的的学术价值、理论价值和应用价值;(3)开创性。潘序伦先生将西方会计理论与中国工商业经济发展实际相结合,吸收人类一切文明成果,推进了企业会计的快速发展,编辑出版了一系列反映世界会计领先水平的图书。进入新时代的立信社,不忘本来,吸收外来,继承和发扬了优秀出版传统,出版了《经典会计》《世界会计史》《管理会计术语汇编》等精品图书;(4)特色性。立信社坚持特色立社,在会计领域深耕细作,会计类选题范围广泛,极具专业特色,从20世纪30年代出版的保险业会计图书,到今天出版的小企业会计、酒店业会计以及领导干部会计图书等,都纳入出版范围,彰显立信出版人坚持办社宗旨、服务国家经济建设的使命与担当。"立信会计丛书"是最具代表性的立信版经典图书。图6-12为潘序伦编著的部分"立信会计丛书"。[①]

[①] 图片由上海立信会计金融学院文博中心副主任李益老师提供。

第七章

潘序伦
创新思想的理论贡献和当代价值

党的二十大报告指出："中华优秀传统文化源远流长、博大精深，是中华文明的智慧结晶，其中蕴含的天下为公、民为邦本、为政以德、革故鼎新、任人唯贤、天人合一、自强不息、厚德载物、讲信修睦、亲仁善邻等，是中国人民在长期生产生活中积累的宇宙观、天下观、社会观、道德观的重要体现。"中华优秀传统文化是中华文明的智慧结晶和精华所在，"中国会计文化有着极为丰厚的底蕴，无论是遗留的会计物质文化，还是提出的一系列会计思想精华，以及建立的会计方法体系，都以其完备的制度设计、超卓的思想识见、领先的专业技术、深厚的历史文化积淀而独树一帜"，[①] 成为中华优秀传统文化中绚丽绽放的花朵。

中国现代会计之父潘序伦创建了融事务所、学校、出版社为一体的"三位一体"立信会计事业，建立了以"诚信为本"为核心、涵盖创新文化、服务文化、学习文化和实践文化等多种内容融合的立信会计文化，形成了内容极为丰富的立信会计思想，为中国会计的创新与发展作出了重要的理论贡献，引领了中国近代会计的发展方向，促进了中国会

---

① 胡玉明.珍贵的会计史料 经典的学术文献(序)[M]//计学之辉——潘序伦书刊述评精粹编委会.计学之辉——潘序伦书刊述评精粹.上海:立信会计出版社,2023:5.

计的发展进程,在我国近现代会计发展史上写下了浓重一笔。正如会计学者陈毓圭先生所说:"以潘序伦为代表的老一辈会计学家、会计教育家、会计职业家是中国现代会计事业的开拓者。改革开放以来中国会计画卷之宏伟,得益于老一辈打下的底色"。① 党的二十大报告号召我们"必须坚持守正创新",因为只有"创新才能把握时代、引领时代"。在新的发展历史时期,会计工作者要把我国的会计事业做大做强,就必须紧跟时代步伐,顺应时代发展,满腔热忱地对待一切新生事物,不断拓展认识的广度和深度,敢于拓展前人没有研究过的新理论,敢于探索前人没有做过的新实践,以新的理论指导新的实践。因此,我们挖掘潘序伦创建的立信会计文化和立信会计思想的精髓,特别是革故鼎新的文化与思想内涵,总结潘序伦对中国会计创新发展作出的理论贡献,从源远流长、博大精深的传统文化中汲取营养,对于传承优秀会计文化、促进我国当代会计的创新和发展,具有十分重要的理论意义和现实意义。

一、理 论 贡 献

创新,是以现有思维模式提出有别于常规或常人思路的见解为导

---

① 陈毓圭.会计是一种技能[J].会计之友,2021,(15):9-10.

向，利用现有的知识和物质，在特定的环境中，本着理想化需要或为满足社会需求，而改进或创造新的事物，并能获得一定有益效果的行为。中国古代传统文化就十分推崇创新思想，《广雅》中就写道："创，始也"，新，与旧相对；《魏书》中有"革弊创新"一词；《周书》中也有"创新改旧"一说。在中国，人们所理解的创新，通常有两个方面：一是思考，就是通过思考想出新主意，产生新思想；一是行动，根据新主意做出新事物，或根据新思想走出新道路、创出新方法等。在西方，"创新"一词有三层含义：一是更新，即对原有东西进行替换；二是造新，制造出原来没有的东西；三是改变，对原有的东西进行改造。

会计理论是运用逻辑形式对会计实践行为的本质及其演变与发展规律进行研究后所形成的系统、全面的理性认识，是会计实务的原则和标准。潘序伦先生一生成就辉煌，在会计理论方面的创新深刻而多维度；在会计实践方面的创新广泛而多角度。潘序伦丰富的创新思想体系，对于我国会计理论发展的贡献是多方面和多层次的，我认为其中最重要的有以下三个方面。

（一）在会计变革浪潮中形成会计改革思想

20世纪20—30年代在中国会计界兴起的会计变革浪潮中，以潘序伦为代表的改革方和以徐永祚为代表的改良方就"中式簿记"和"西式簿记"之分，是否以现金为主记账，是因袭传统采用直写记账还是采用多国通行的更为适合现代会计的簿记横写方法，坚持四柱清算法还是采用更为科学的多栏式记账法以及试算平衡法等诸多改革问题展开了激烈的学术争论。潘序伦引进西方先进会计思想，并结合当时中国的客观现实情况，详尽、系统地阐述了自己的会计改革观点与方法体系，形成了系统的会计改革思想或理论体系。同时，以科学理论和经济适用为出发点，对新的簿记内容体系包括会计凭证、会计科目、账簿组织、会计核算组织及会计报表等进行了全面系统的设计，形成了更为科学和合理的会计核算组织体系或账簿组织体系。

潘序伦的会计改革思想对于我国现代会计的发展产生了极其重要的影响，"他创立的会计学说及提出的具有创新性、前瞻性、科学性及实用性的一系列学术观点，对中国会计乃至全球会计发展产生了深远的历史影响，对解释会计现象、指导会计实践、推进会计发展，发挥了积极的引领作用"。[①]

(二)"三位一体"立信会计事业的系统性思想

系统性的思维方式是潘序伦会计创新思想的重要特征。这个特征突出地体现在他所创立的立信会计师事务所、立信会计学校、立信会计图书用品社"三位一体"的立信会计事业，其中每一"位"都是立信会计

---

① 胡玉明.珍贵的会计史料 经典的学术文献(序)[M]//计学之辉——潘序伦书刊述评精粹编委会.计学之辉——潘序伦书刊述评精粹.上海:立信会计出版社,2023:2.

事业的有机组成部分，与其他组成部分相辅相成，协调发展。立信会计师事务所不仅为立信会计学校提供了师资与财力的支持，而且为学校学员提供了实践场所和就业机会，立信会计师事务所还为期刊和出版社提供了编辑出版力量。学校为立信会计师事务所业务和编辑出版培养了人才，会计师在学校的教学经历也提高了他们在会计理论研究上的兴趣和能力，立信会计学校也为立信会计出版社提供了教材等出版物的使用场所。立信会计期刊为立信会计师事务所的会计师们提供了学术与业务交流的平台，也为立信会计学校的教师们提供了发表学术研究成果的载体。立信会计出版社不仅为学校提供了高质量的教材，而且还为会计师和学校的师生提供了学习新理论、新知识的学术专著等书籍，并从财力等方面反哺了学校的会计人才培养。

创新理论显示：创新效果的一个重要评价标准是创新主体的业务和经济应该相互支持、相互促进，它们的协调统一构成事物的整体效果性。潘序伦开创的立信会计事业中，会计实业、会计教育、会计出版在服务社会的同时，又相互服务、相互支撑、相互促进。"三位一体"的立信会计事业取得了令人瞩目的整体效果，推动中国会计走上了科学化、正规化和可持续发展道路。由此可见，"三位一体"的立信会计事业体现了潘序伦高屋建瓴的系统设计思想，是中国会计历史上十分成功的创新之举，也是世界会计发展史的创新典范之一。

如今，中国的现代会计事业经过前辈们的辛勤付出、艰苦奋斗，取得了长足的发展,站在了世界会计学发展历史的潮头。我们无法再去复制潘老会计事业的发展轨迹,但是,他的综合性创新思维模式,系统构建会计事业的各个组成部分并使之形成协调发展的有机整体之工作智慧,对后人具有重要的启示意义。

(三)建立以诚信为本的立信会计文化

潘序伦在 1927 年创办立信会计师事务所之初,就取《论语》中"民无信不立"之意,以建立信用、争取社会的信任为第一主旨。在设立立信会计学校后,将"立信"作为学校的校训,进而将立信拓展为"信以立志,信以守身,信以处事,信以待人,勿忘'立信',当必有成",作为立信会计事业的信条。潘序伦萃取了中国传统文化中的"信义"文化精髓,吸收了西方契约文化的内涵,凝练出真实、诚恳、言行一致,守信用、讲信义、立信誉的诚信文化,成为立信文化的核心。潘序伦坚持立信会计事业服务民族工商业发展和社会需要的思想和实践所表现出的是服务文化;从他重视引进西方先进会计理论和方法用以改变中国落后的会计现状行动中可以凝练出学习文化;从他的会计革新思想中显示出的是创新文化,从他办理会计业务、会计教育和会计出版过程中一切从实际出发的理念体现出的是实践文化。潘序伦与立信人几十年如一日,在发展立信会计事业中创建了以诚信文化为核心,融合了服务文化、学习文化、创新文化和实践文化等多元文化在内的立信文化,成为中华优秀传统文化中的重要组成部分。而且，潘序伦将以诚信为本的立信文化具化为会计职业道德，贯穿到会计职业教育的全过程、深化到对会计执业者的具体要求中，形成了知行合一、体系完整的会计文化思想，引领立信会计事业走上可持续发展之路。源远流长的立信会计文化时至今日仍然激励会计人不断前行。

二、当代价值

潘序伦先生的一生，是为了改变当时中国会计落后现状而竭尽全力、艰苦创业、不断创新的一生。他所创立的融会计实务、会计教育和会计出版"三位一体"的立信会计事业，充满着新思想的智慧。他学识广博，融贯中西，敢于创新、善于创新，从理论引领着眼，从实践变革入手，带领立信会计事业不断向新的方向、有效的方面取得质和量的转变。他抓住创新理论所阐明的创新之关键点，通过不断"更新"和"改变"旧事物而获得新发展、新成果，推动中国会计走上了科学化、制度化、系统化的发展道路。他的创新思想，是中国近现代会计理论宝库中的瑰宝，对于当代会计理论发展和实践活动有着重要的指导意义和借鉴价值。

(一) 从潘序伦诚信思想分析

潘序伦将"诚信"这一中国传统的道德规范，引入会计职业道德建设中，并借鉴西方先进的信用制度化方法，将诚信思想落实到我国的会计审计实践之中。他首倡会计诚信，在开创我国新式簿记之时就将诚信文化与职业道德建设内化于立信会计事业之中，建立了具有诚信思想灵魂的中国现代会计理论与实践体系。

国家税务总局局长王军先生2008年在《潘序伦文集》一书序言中写道："先生鲜明地提出了'信以立志、信以守身、信以处事，信以待人'的立信准则，既传承了东方传统文化的精髓，又嫁接了西方契约文明的内核，成为先生一生念兹在兹的思想信条，奠定了会计诚信的根基"。①

潘序伦的会计诚信思想得到了我国会计界和学术界的高度认同。2001年4月，时任国务院总理的朱镕基为上海国家会计学院题写了"不做假账"四字作为学校校训。同年10月在北京国家会计学院讲话时朱镕基总理进一步强调："诚信为本，操守为重，遵循准则，不做假账"，而后被该校立为校训。后来他还在多种场合强调会计人员要以此作为基本职业道德和行为准则。在2002年3月的《政府工作报告》中，朱镕基总理提出："严厉打击伪造票据、凭证和做假账等违法行为"，

---

① 王军.序[M]//潘序伦.潘序伦文集·上海：立信会计出版社，2008：2.

"要切实加强社会信用建设,逐步在全社会形成诚信为本,操守为重的良好风尚"。从国家政府层面上强调了树立"诚信为本"风尚的重要性。

2012年,习近平总书记作出重要批示,要求注册会计师行业要"紧紧抓住服务国家建设这个主题和诚信建设这条主线",将党和国家对会计行业的诚信建设要求提升到了新的高度。

目前会计诚信的缺失仍然是国内外经济发展过程中所面临的治理难题。会计诚信的缺失,增加了市场的交易成本,阻碍着市场的正常运行,不仅危害企业投资者的利益,也可能给债权人、企业职工等利益相关者带来极大的损失,制约经济的发展和社会的进步。因此,挖掘潘老诚信思想的精髓,重塑会计诚信,传承优秀会计文化,净化会计从业环境,有助于促进新时期我国经济的高质量发展。

(二) 从潘序伦会计改革思想分析

从会计学术视角看,20世纪20—30年代改革方与改良方关于中国会计改革的讨论,是我国会计史上影响很大的学术讨论与交流。潘序伦先生在这一历史分界点上,"凭借其学贯中西的深厚功底、开放的胸怀以及对发展趋势的准确把握,移花接木,筚路蓝缕,兀兀穷年,使20世纪前半中叶的中国会计开始了现代性、国际化改良,书写了现代会计史的第一页"。[①]

---

① 王军.序[M]//潘序伦.潘序伦文集·上海:立信会计出版社,2008:1.

从实践方面看,潘序伦"三位一体"的立信会计实践活动,使我国的新式簿记在工商业企业得以落地实施,不仅推进了中国会计科学化、制度化,也推动了职业会计师、会计教育以及会计编译出版事业的繁荣发展。

在会计方法上,当时的中国既有引进的借贷复式会计,也有改良后的中式会计,也就是说,改革方设计的新式簿记与改良方推崇的改良中式簿记是并存的,前者多为大、中型新式企业所采用,后者则多在为中、小企业中实行,而且使用的企业比例更高。随着会计改革的深入,借贷记账法逐渐被人们接受,使用西式簿记的企业数量不断增加。"相比较而言,同一时期会计师潘序伦通过创办立信会计师事务所、立信会计学校和立信会计图书用品社,由于自身拥有翻译、出版多种会计书刊的能力,所以他的借贷复式记账推广工作力度更大,影响也更广"。① 郭道扬先生在其《中国会计史稿》一书中中肯地指出:"借贷复式簿记是近代社会经济发展的产物,它具有先进的理论和科学的方法,它在本质方面要优越于中式簿记,故中国会计之改良必须以引进借贷复式簿记的理论与方法为前提。这种引进不是简单地凑搭,而是通过较为全面的引进达到改革中国会计的目的,所以,从这一点出发,应当肯定改革派所持的立场"。②

---

① 严行方.会计简史[M].上海:上海财经大学出版社,2017:73.
② 郭道杨.中国会计史稿(下册)[M].北京:中国财政经济出版社,1983:515-520.

(三) 从潘序伦审计思想分析

潘序伦的审计思想理论体系推动了我国现代审计的良性发展。20 世纪 20—30 年代，中国民族资本主义经济迎来了黄金发展时期，工商企业的经营活动带动了会计审计业务的发展，但是国内审计事业的发展却遭遇审计理论薄弱、制度不健全、从业人员短缺等方面的约束。潘序伦发表论文、编写教材，引进西方先进理论，研究现实问题，厘清相关概念、目的和分类，规范审计程序，设计查账方法，构建审计学理论框架体系，助力审计人才培养，创办会计师事务所并亲自承接查账业务，参与国家审计制度与审计组织建设等。潘序伦先生在审计学领域的学术成就和实践探索，不仅推动了当时我国审计事业的发展，对于当代审计事业发展也有着重要的借鉴价值。

(四) 从潘序伦会计教育思想分析

1927 年潘序伦从暨南学校辞去教职后，设立会计师事务所、成立会计学校、创办会计刊物、出版会计教材，开创了系统职业会计教育的先河，推动了中国会计教育的形成和发展。

在长期的会计教育改革与办学实践中，潘序伦先生主导的立信会计教育确定了以培养人才为宗旨的办学方向，以诚信为本的育人原则，以职业为重的培养任务，以严格著称的系统的教学管理制度，创建了多种多样的办学方式，形成了具有鲜明特色的会计教育思想体系，引领中国会计教育的发展。会计教育是整个国家教育的重要组成部分，是会计工作的基础。会计教育的方向、原则、模式、质量和效果等，对会计行业发展产生了重大的影响。

潘序伦主持编著出版会计专业教材论著，在我国会计教育发展史上有着不可磨灭的历史功绩。教材作为沟通会计理论与会计实践的桥梁，既是理论承接，又是实践指引，是会计教育的主要工具。在潘序伦主持编辑出版的"立信会计丛书"中，专著和教材有200多种。潘序伦和同仁在编写教材时，既引进了西方先进学术成果和最新会计理论，又从实际出发，结合当时我国国情，充分考虑当时的法规和工商惯例，使这些教材既具有先进性、理论性，又具有现实性，深受师生和会计人员的喜爱。不少经典教材被国内各商业企业、会计学校广泛使用，有的图书多次修订再版，甚至远销马来西亚等东南亚国家以及中国香港、中国台湾地区。

潘序伦的会计教育思想和开创的会计教育实践，推动了中国会计事业的进步，促进了中国近代会计的繁荣，为当代会计教育的发展提供了理论指引和实践借鉴。

（五）从潘序伦出版思想与实践分析

1. 引进了西方先进的会计思想与方法

潘序伦和立信人通过编译和出版发行国外权威著作和经典教材，将西方会计教育和会计学术思想引入中国。如美国学者劳伦斯的《成本会计》是当时美国会计界的权威之作，不仅被欧美各大学用作教材，而且被各国成本会计学家用作参考。潘序伦将《劳氏成本会计》一书翻译出版后，广受读者欢迎。学生们通过阅读该书有机会接触西方先进的成本管理思想，掌握先进的成本核算方法。随着《劳氏成本会计》《陀氏成本会计》等一批经典会计书籍的翻译和出版发行，西方先进的会计思想传播日益广泛，科学的会计方法逐渐被国内工商企业接受和采用。

2. 奠定了中国会计教材的历史地位

潘序伦为了改善当时我国会计教育用书落后且匮乏的现状，组织力量编写和出版了各类会计教材。这些教材的内容新颖，理论与实务并重，既有自己编写的教科书，也有翻译西方国家的会计经典教材，能满足不同层次学校会计教学的需要。立信"会计专业教材版本之多、体系之科学、结构之合理、内容之丰富、品种之齐全、质量之可靠，前所未有"。① 这些教材不仅在培养会计人才中发挥了重要的作用，而且"奠定了中国会计专业教材的历史地位，形成了当代高校会计专业教材的基本格局，为中国会计教材建设及会计教学，发挥了奠基及引领作用"。

3. 促进了经济法规与会计制度的建设

社会经济的发展离不开法律法规的规范和引导，先进的会计思想和科学的会计方法需要完备的会计制度设计来保证其在各行各业实施。当

---

① 胡玉明.珍贵的会计史料 经典的学术文献(序)[M]//计学之辉——潘序伦书刊述评精粹编委会.计学之辉——潘序伦书刊述评精粹.上海:立信会计出版社,2023:8.

时潘序伦深切感到,"我国工商各界之会计制度,其亟待研习而改良者,允推国内现有之各种企业。然中西之营业习惯,彼此互异,法律规定,又复有别,若径以他国适用之会计制度,施行于我国,其必感有格格不入,削足适履之苦,可以断言。"因此他"爰请国内各业会计专家,分任撰述各业会计制度,务求既切实用,又合理论",编写出版了两辑《各业会计制度》。潘序伦十分重视经济法规和会计制度书籍的编辑和出版,在表6-1中可以看出,立信编辑出版的此类书籍有数十种。立信出版发行的法律法规和会计制度方面的书籍,搭建了法律法规与会计制度的制定发布者、学者与使用者之间连接的桥梁,促进了我国经济法规与会计制度的建设和发展。

(六)创立了独具特色的立信会计品牌

潘序伦从建立会计师事务所开始,就确定了要"取信于民"的宗旨,选定了"立信"冠名于他的"三位一体"会计事业,不仅会计师事务所、学校和出版社都在"立信"旗下,他所编辑出版的书籍、开办的系列会计期刊也以"立信"命名。立信会计师事务所在办理会计业务过程中因为诚实守信、不做假账、审计工作质量高而得到了客户的信任。事务所业务量大,涉及面广,接受的委托业务来自全国各地。立信会计学校采用多种多样的形式培养了一批又一批的现代会计人才,桃李满天。立信会计系列教材被各地学校普遍采用,甚至远销港澳以及其他国家与地区。潘序伦及立信同仁编辑发行的立信会计系列期刊传播广泛，尤其是《立信会计季刊》《立信月刊》十分畅销，深受业界欢迎。各种会计学术专著和会计业务书籍，特别是"立信会计丛书""立信财经丛书"几十年来畅销不衰，使独具特色的"立信"品牌深入人心，影响深远。在现实社会，不少企业都十分重视打造产品品牌，但是会计事业打造成著名品牌的思想与实践，唯有潘序伦！

随着大数据、云计算、人工智能、区块链等新一代信息通信技术的快速发展，当今社会正在进入数智时代，各行各业也正在加快数字化转型的步伐。全面数字化、智能化将使人们有能力全面、实时、细颗粒度地掌握整个经济社会运行的所有数据，经济活动将更为有效。以大智移云物等新一代信息通信技术为驱动力，以数据为关键要素，通过实现企业的生产智能化、营销精准化、运营数据化、管理智慧化，催生一批新业态、新模式、新动能，实现以创新驱动的产业高质量和跨领域的同步化发展。为适应经济与社会发展的新需求，会计学理论与实践也将面临着重大变革。在这种形势下，深入研究潘序伦创立的会计学说及具有创新性、前瞻性、科学性及实用性的学术观点，挖掘潘序伦会计思想的精髓，借鉴先贤革故鼎新的文化内涵和理论联系实际的科学方法，对于促进我国当代会计的创新和发展，具有十分重要的理论意义和现实意义。潘序伦大格局的创新精神，将激励我们会计人守正创新、砥砺前行，开拓新时代会计学发展的美好未来。

后记

江苏常州，曾是潘序伦青年时期的读书求学之地。追根溯源，宜兴是潘序伦先生的出生地和青少年时期生活的地方，早年曾是常州府管辖的八邑之一。先生曾就读并毕业于常州府中学堂。新中国成立后由于行政区划的调整，宜兴归无锡市管辖。由于是以"常州"城市之名冠名的大学，在 2019 年与《财会通讯》杂志社一同成功举办了"首届潘序伦会计论坛"的大型会计学术会议；2021 年常州大学又与中国会计学会高等工科院校分会联合举办了"第二届潘序伦会计论坛"。2023 年，在纪念潘序伦先生诞辰 130 周年之际，常州大学将与中国会计学会会计史专业委员会、立信会计出版社联合举办"第三届潘序伦会计论坛"。

作为常州大学会计学专业的创建人之一，徜徉在常州的大街小巷，我有时会想，时空交错之中会不会在某一时刻与先生踏在同一块土地之上？两届"潘序伦会计论坛"的举办，手上关于先生的书籍和资料渐渐多了起来。学习和研读这些资料，特别是阅读数遍《潘序伦回忆录》之后，我的内心受到了深深的震撼！我对先生的崇敬之情愈发强烈！

先生一生孜孜以求、筚路蓝缕，创建了会计师事务所、会计学校和会计出版社"三位一体"的立信会计事业，成就辉煌，不仅确立了他"中国现代会计之父"的历史地位，也成为世界会计发展史上的一个典范人物。追随先生几十年的李鸿寿先生在《立信史话》序言中写道：潘序伦先生是"一代宗师，开会计先河，统一会计名词，主编会计丛书，传播会计学术，创办会计学校，培养会计人才"。是什么力量驱使他一生为中国的会计事业作出如此巨大的贡献？为什么他能创造出如此博大精深、内涵丰富的会计思想体系？面对先生书写的会计历史，我们不禁会沉思、会感叹！

在学习潘序伦先生的著述、探寻他为会计事业奋斗历史的历程中，"创新"一词不断地浮现在我的脑海！创，始也；新，与旧相对，创新是产生新的思想和行为的活动。先生的女儿潘屺瞻女士不无钦佩地赞叹父亲："他总是不断有新思路出来"。细细想来，先生的一生其实就是创新的一生！纵观先生自始至终为之奋斗的会计事业，充满着新思想的运行。他学养深厚，洞悉国情，理论联系实际，通过办理会计实务、培养会计人才、著书立说、出版书籍等一系列业务活动，把他那个时代的会计学新思想付诸实践。我们会计人需要研究潘序伦的创新思想，解读他创新实践的本质，传承先生的创新精神，为新时代会计事业的创新发展作出贡献！这是我写作此书的初衷。

后记

《潘序伦创新思想研究》一书的写作，得到了常州大学商学院同仁和立信会计出版社的大力支持！非常感谢立信会计出版社原社长窦瀚修研究员，他从该书的构思、资料搜集、写作与定稿，每一个环节都给予了精心的指导和帮助！常州大学的张欢参与了部分章节的撰写和后期书稿的整理与内容编排；我的研究生曹越、赵丽敏和吕斯琦同学在资料搜集和文稿整理等方面帮助我做了大量工作。我的家人们在书稿的写作过程中也给予我莫大的支持！借本书出版之际，真诚地感谢所有为本书成稿和出版提供过帮助的人们！

特别感谢郭道扬教授亲自指导、热情鼓励，并为此书作序！

由于本人水平有限，错误在所难免，真诚希望读者提出宝贵意见。

王卫星

2023 年 9 月 30 日于常州

附录

潘序伦
著作(译著)、论文和文章汇总[①]

[①] 由于时间久远和本人搜集的资料有限,汇总的潘序伦先生的著作和文章难免有错漏,图书的出版地没有说明,但从中可以看出他著述等身和对中国会计改革与发展的历史性贡献;习题与实习题应用簿册因多次印刷出版,最早出版时间不十分确定,作者根据会计师事务所编辑科所写《编辑立信会计丛书之经过与现状》《二年来之立信会计丛书》等文章资料分析而得;部分论文页码顺序,可能与现今不完全相同,例如当时一些期刊的编码是按栏目编码。

所列著作没有署名、没有明示或著作权方式(著或编)的均为潘序伦先生独著。

(一) 著作(译著)

1. 立体几何学表解[M].上海科学书局,1912.
2. 中美贸易论(The Trade of the United States with China)[D].纽约:中国贸易局公司,1924.
3. 簿记与会计(英文版)[M].商务印书馆,1926.
4. 会计师业概况:研究职业分析之一[M].商务印书馆,1928.
5. 公司财政(英文版)[M].商务印书馆,1928.
6. 高级商业簿记教科书[M].商务印书馆(立信会计丛书),1930.
7. 高级商业簿记教科书习题详解[M].商务印书馆(立信会计丛书),1930.
8. 高级商业簿记实习题附属文件[M].商务印书馆(立信会计丛书),1930.
9. 劳氏成本会计[M].译著,商务印书馆(立信会计丛书),1930.
10. 公司会计[M].潘序伦,王澹如,著.商务印书馆(立信会计丛书),1933.
11. 政府会计[M].潘序伦,王澹如.商务印书馆(立信会计丛书),1933.
12. 股份有限公司会计(上、下册)[M].商务印书馆(立信会计丛书),1933.
13. 股份有限公司会计习题详解[M].商务印书馆(立信会计丛书),1933.

14. 成本会计教科书[M].译著,商务印书馆(立信会计丛书),1934.

15. 各业会计制度(1—2集)[M].商务印书馆(立信会计丛书),1934.

16. 会计学(上、下册)[M].商务印书馆(立信会计丛书),1934.

17. 会计学习题解答[M].商务印书馆(立信会计丛书),1934.

18. 高级会计学[M].潘序伦,王澹如.商务印书馆(立信会计丛书),1934.

19. 会计名辞汇译(中英文对照)[M].商务印书馆(立信会计丛书),1934.

20. 成本会计(1—2册)[M].商务印书馆(立信会计丛书),1935.

21. 成本会计习题[M].商务印书馆(立信会计丛书),1935.

22. 成本会计实习题应用簿册[M].商务印书馆(立信会计丛书),1935.

23. 会计学(1—4册)[M].商务印书馆(立信会计丛书),1935.

24. 改良中式簿记之讨论[M].商务印书馆(立信会计丛书),1935.

25. 审计学(上、下册)[M].潘序伦,顾询.商务印书馆(立信会计丛书),1935.

26. 银行会计教科书[M].顾准著,潘序伦,校.商务印书馆(立信会计丛书),1935.

27. 审计学教科书[M].潘序伦,顾询.商务印书馆(立信会计丛书),1936.

28. 公司登记规则[M].商务印书馆(立信会计丛书),1936.

29. 会计学教科书[M].潘序伦,王澹如.商务印书馆(立信会计丛书),1936.

30. 会计学教科书习题解答[M].潘序伦,王澹如.商务印书馆(立信会计丛书),1936.

31. 所得税原理与实务[M].潘序伦,李文杰.商务印书馆(立信会计丛书),1937.

32. 中国政府会计制度[M].潘序伦,顾准,编.商务印书馆(立信会计丛书),1939.

33. 成本会计教科书习题讲解[M].商务印书馆(立信会计丛书),1939.

34. 裴氏高等会计学——收益之决定[M].译著,立信会计图书用品社,1949.

35. 公司会计准则绪论(原名会计精义)[M].译著,立信会计图书用品社,1949.

36. 会计师查核决算表之原理与程序[M].译著,立信会计图书用品社,1949.

37. 裴氏高等会计学——合并决算表[M].译著,立信会计图书用品社,1949.

38. 裴氏高等会计学——收益之决定[M].译著,立信会计图书用品社,1949.

39. 裴氏高等会计学——存货之管理及计价[M].潘序伦,萧克木,译.立信会计图书用品社,1949.

40. 裴氏高等会计学——决算表之分析及解释[M].译著,立信会计图书用品社,1949.

41. 裴氏高等会计学——决算表之编制[M].潘序伦,张蕙生,译.立信会计图书用品社,1949.

42. 裴氏高等会计学——无形资产[M].译著,立信会计图书用品社,1949.

43. 初级成本会计[M].立信会计图书用品社,1950.

44. 成本与生产量及生产能量之关系及其计算方法[M].译著,1949.

45. 基本会计学[M].立信会计图书用品社,1950.

46. 会计准则[M].译著,立信会计图书用品社,1950.

47. 通用簿记教程(上、下册)[M].潘序伦,顾询,张蕙生,译.立信会计图书用品社,1951.

48. 高级商业簿记教程[M].立信会计图书用品社,1951.

49. 高级会计学教材(第一分册)——会计循环及决算表[M].立信会计图书用品社,1951.

50. 简易商业簿记教程[M].潘序伦,张蕙生.立信会计图书用品社,1951.

51. 国营企业会计概要[M].潘序伦,余文青,译.立信会计图书用品社,1952.

52. 苏联会计述要[M].潘序伦,徐可南,译.立信会计图书用品社,1952.

53. 会计学教程(1—2册)[M].立信会计图书用品社,1952.

54. 基本会计学——西方会计[M].潘序伦,王澹如,编.立信会计图书用品社,1983.

55. 编辑出版立信会计丛书的回忆[M].新编立信会计丛书——立信财经丛书目录,1984.5.

（二）论文及其他文章

1. 近来中国之高等商业教育[J].教育与人生,1924,2(59):1.

2. 改进暨南学校商科大学旧制高中计划书[J].暨南周刊,1925(3):9-18.

3. 中国关税管理问题[J].南洋周刊,1925,7(6):9-15.

4. 国民生计问题的根本解决[J].生活,1925,1(汇刊):102-113.

5. 输入超过与解决侵略[J].太平导报,1926,1(44):29-35.

6. 弁言[J].经济汇报,1926,3(2):1.

7. 发刊词[J].会计学杂志,1926,创刊号:1-2.

8. 中国关税问题之沿革及解决法(演讲录)[J].中国季刊,1926,1(2):7-12.

9. 商业上应向官厅注册之事项与不注册之危险[J].商业杂志,1926,1(2):1-7.

10. 对于中交两行十进辅币券之意见[J].上海总商会月报,1926,6(12):1-5.

11. 对于中交两行十进辅币券之意见[N].工商新闻,1927-1-1(4).

12. 会计师查账之应用[J].会计学杂志,1927,2(1):1-4.

13. 有限公司经济公开之必要及办法[J].商业杂志,1927,2(7):1-7.

14. 有限公司经济公开之必要及办法[J].银行周报,1927,11(28):15-18;1927,11(29):21-24.

15. 我国银行经济公开之必要及办法[J].商业杂志,1927,2(11):1-4.

16. 上海总商会月报[J].商业杂志,1927,7(10):1-4.

17. 中国国外贸易之不振及其原因(附表)[J].商业杂志,1927,2(1):1-4.

18. 公司股东选举问题之争议[J].银行杂志,1927,4(8-9合刊):1-2.

19. 经济公开运动说明书[N].新闻报,1927-5-5(11);1927-5-10(13).

20. 经济公开运动说明书[J].商业杂志,1927,2(6):1-4.

21. 经济公开运动说明书[J].会计学杂志,1927,2(1):3-6.

22. 经济公开运动说明书[J].太平导报,1927,2(5):32-35.

23. 对于上海中交两行十进辅币券之意见[J].银行杂志,1927,4(5):1-5.

24. 政府处置劳资争端之方法[J].银行杂志,1927,4(13):1-8.

25. 政府处置劳资争端之方法[N].上海总商会月报,1927,7(4):1-8.

26. 政府处置劳资争端之方法[N].钱业月报,1927,7(4):7-21.

27. 政府处置劳资争端之方法[J].银行周报,1927,11(12):1-7.

28. 政府处置劳资争端之方法[J].纺织时报,1927(399):403-404.

29. 政府处置劳资争端之方法[J].纺织时报,1927(400):407-408.

30. 政府处置劳资争端之方法[J].太平导报,1927,2(4):15-22.

31. 对于减租运动之意见[J].钱业月报,1927,7(4):1-7.

32. 会计师秘诀[J].生活,1928,3(21):227-230.

33. 中国之会计师职业[J].会计学报,1928(创刊号):209-220.

34. 中国之会计师职业[J].立信会计季刊,1933,2(1):1-40.

35. 中国之会计师职业[J].银行周刊,1928,12(9):21-23.

36. 中国之会计师职业[J].银行周刊,1928,12(10):19-23.

37. 修改现行注册办法之我见[J].商业杂志,1928,3(6):1-5.

38. 会计师职业与信用制度之关系[J].经济汇报,1928,4(1):8-9.

39. 论我国公司条例中应增设股份无限公司之规定[J].银行周报,1928,12(38):39-31.

40. 论我国公司条例中应增设股份无限公司之规定国货评论刊[J].1928,2(7):25-28.

41. 论我国公司条例中应增设股份无限公司之规定[N].新闻报,1928-9-26(18).

42. 会计师潘序伦先生·序[J].会计学报,1928(创刊号):1.

43. 会计师资格应否限于党员问题[J].会计学报(创刊号):205-208.

44. 修正公司条例草案(连载 10 期)[J].银行周报,1928,12(17):11-19;1928,12(18):15-18;1928,12(19):25-28;1928,12(20):21-26;1928,12(21):27-31;1928,12(22):25-29;1928,12(23):13-16;1928,12(24):21-25;1928,12(25):21-25;1928,12(26):23-28.

45. 论分担无限公司之组织及其商业上之需要[J].商业杂志,1929,4(4):1-7.

46. 对于工厂法草规定盈余分配的意见[J].潮梅商会联合会半月刊,1929,1(3-4 合刊):15-29.

47. 潘会员序伦请纠正戴继恩会计师兼用律师名义行使识务函[J].上海中华民国会计师公会年报,1929(3):71-72.

48. 王志梓潘序伦二君发起思源泉助学基金函聘总经理为基金董事[J].海光,1929,1(12):5-9.

49. 分担无限公司问题(上)[J].银行周报,1929,13(14):9-14.

50. 分担无限公司问题(上)[J].银行周报,1929,13(16):21-23.

51. 极公平透彻而有味[J].生活,1929,4(23):249-251.

52. 撰述:修改现行商标法之意见[J].工商半月刊,1930,2(6):36-42.

53. 有限公司会计公开问题[J].经济学季刊,1930,1(1):23-27.

54. 校务概况:第五学年账目已由潘序伦审核[N].大厦周报,1930(77):81.

55. 来件:王志梓潘序伦发起募集思源助学基金宣言[J].国立浙江大学校刊,1930(21):278.

56. 求学于任职合而为一[J].生活,1931,6(8):173-174.

57. 立信会计学校之教学方法[J].立信会计专修学校同学会会刊,1931(1):1.

58. 营业税的征收和资本额的计算[J].会计季刊,1931(创刊号):1-11.

59. 营业税的征收和资本额的计算[J].经济学季刊,1931(2):27-37.

60. 从职业补习教育说到本校[J].会计季刊,1931(2):1-4.

61. 潘会员序伦覆函[J].上海会计师公会会刊,1931(13):8-9;1931(14):2.

62. 生活日报社股份两合公司章程[J].生活,1932,7(12).

63. 职业会计之准备:潘序伦博士在本校商学院第一次公开演讲辞[J].暨南校刊,1933(81):6-8.

64. 我国会计师职业及其对于发展工商业之任务[J]. 复兴月刊,1933,1(5):1-7.

65. 会计学发达史[J]. 立信会计季刊. 1933,2(1):123-138.

66. 《立信会计季刊》弁言[J]. 立信会计季刊,1933,2(1):1.

67. 查账标准程序之拟订[J]. 立信会计季刊,1933,2(1):41-82.

68. 我国公司会计中股本账户之研究[J]. 立信会计季刊,1933,2(2):25-56.

69. 工厂材料之管理与会计[J]. 立信会计季刊,1933,2(2):219-283.

70. 研究:会计名词之商榷[J]. 国立上海商学院院务半月刊,1933(5):82-83.

71. 电政会计之亟待改革[J]. 交通杂志,1933,2(1):77-79.

72. 会计之效用(演讲录)[J]. 同舟,1934,2(11):5-7.

73. 为讨论"改良中式簿记"致徐永祚君书[J]. 立信会计季刊,1934,2(4):203-212.

74. 为讨论"改良中式簿记"致徐永祚君书[J]. 经济学月刊,1934,1(3):1-8.

75. 为讨论"改良中式簿记"致徐永祚君书[J]. 银行周报,1934,18(3):7-10.

75. 为讨论"改良中式簿记"致徐永祚君书[J]. 国风,1934,4(4):23-27.

77. 对于徐永祚改良中式簿记方式之批评[J]. 商学期刊,1934(8):1-3.

78. 会计名辞之研究——在复旦大学会计系学会上的讲话[J]. 会计期刊,1934(创刊号):1-4.

79. 会计名辞汇译[J]. 立信会计季刊,1934,2(3):303-369.

80. 会计名辞汇译(续)[J]. 立信会计季刊,1934,2(4):247-355.

81. 中国会计师业的过去与今后:中国会计师职业概况[J]. 新中华,1934,2(1):145-154.

82. 存货估价问题[J]. 立信会计季刊,1934,2(3):1-28.

83. 清算会计[J]. 立信会计季刊,1934,2(4):1-51.

84. 合并决算表之编制法[J]. 立信会计季刊,1934,2(5):73-113.

85. 潘著《会计学》叙言[J]. 立信会计季刊,1934,2(6):349-353.

86. 学校成本会计述要——在浙江省教育厅附属机关会计人员讲习所的演讲[J]. 立信会计季刊,1934,2(7):1-28.

87. 学校成本会计述要——在浙江省教育厅附属机关会计人员讲习所的演讲[J]. 浙江教育行政周刊,1934,6(14):5-20.

88. 改良工厂会计经验谈[J]. 长城,1934,1(4):65-66.

89. 改良工厂会计经验谈[J]. 同舟,1934,2(7):2-6.

90. 改良工厂会计简法(附表)[J]. 机联会刊,1934(86):17-29.

91. 自述(连载)[J]. 海光,1934,6(10):18-22;1934,6(11):6-9.

92. 对于改良中式簿记之批评[J]. 商学丛刊,1935(创刊号):49-53.

93. 中国会计学社概况:本社对于国家社会应尽之责任[J]. 会计季刊,1935,1(1):297-298.

94. 审核应收账款之原则及方法[J]. 立信会计季刊,1935,2(8):1-33.

95. 我国公司会计中几项法律问题[J]. 会计杂志,1935,6(4):1-30.

96. 我国公司会计中几项法律问题[J]. 经理月刊,1935,1(5):133-138.

97. 我国合伙会计中几项法律问题[J]. 会计杂志,1935,6(5).

98. 会计师潘序伦自述(连载)[J]. 国讯,1935(91):580-581;1935(92):600-601.

99. 自述[J]. 约翰声,1935,(44):56-62.

100. 求学经历自述[J]. 立信会计季刊,1935,2(7):347-359.

101. 求学经历自述[J]. 商业会计,1983,(9):42.

102. 求学与执业的自述[J]. 长城,1935,3(2):31-34.

103. 和解及破产会计概要(连载)[J]. 会计杂志,1936,7(1):1-20;1936,7(2):29-60.

104. 清算及和解破产会计原理之研究[J]. 会计杂志,1936,8(1):11-33.

105. 通问:签订销货或购货合同时应否记账[J]. 立信月报,1936(2):11-12.

106. 非常时期之会计问题[J]. 会计学报,1936,1(2):1-13.

107. 非常时期之会计问题[J]. 文摘,1937,1(1):114-115.

108. 单位成本之意义及其重要[J]. 会计学报,1936,1(1):7-17.

109. 《会计学报》序[J]. 会计学报,1936,1(1):1-2.

110. 对于我国新颁所得税法之意见[J]. 立信月报,1936(4):1-4.

111. 本所附设会计补习学校改办日校缘起[J]. 立信月报,1936(6):11-12.

112. 中国现行所得税[J]. 上海青年,1936,36(37):4-5.

113. 中国现行所得税[N]. 圣公会报,1936,29(24):21-23.

114. 中国现行所得税[N]. 广州青年,1937,24(3):12.

115. 论述:各工商厂号在所得税法实施前及应有之准备[J]. 立信月报,1936,24(3):12.

116. 发刊辞[J]. 立信月报,1936(1):1-2.

117. 资料:立信会计补习学校简史[J]. 立信月报,1936(1):8-9.

118. 资料及消息:本所潘序伦、李文杰等会计师呈请修改《破产法》[J]. 立信月报,1936(4):17.

119. 会计师潘序伦等为建议修改破产法呈请司法行政部文[J]. 法讯,1936(17-27):3-4.

120. 所得税的原理与实务[J]. 暨南校刊,1936(187):2-4.

121. 上海市商会所得税研究会议决案之总检讨——上海市商会所得税实际问题研究会上的演讲[J]. 立信月报,1937(7):1-10.

122. 上海市商会所得税研究会议决案之总检讨——上海市商会所得税实际问题研究会上的演讲(连载)[J]. 银行周报,1937,21(5):15-20;1937,21(6):7-12.

123. 致财政部所得税事务处函——陈述对于第一类营业事业所得税征收须知草案应行改正各意见[J]. 会计学报,1937,1(3):1-11.

124. 致财政部所得税事务处函——陈述对于第一类营业事业所得税征收须知草案应行改正各意见[J]. 立信月报,1937(7):11-16.

125. 致财政部所得税事务处函——对于征收须知草案续陈应行补充改正各点[J]. 立信月报,1937(7):17-21.

126. 所得税与工商管理之关系——在无锡及宜兴县商会的演讲[J]. 立信月报,1937(8):6-7.

127. 为我国所得税几个重要问题作答——在实业部的演讲[J]. 立信月报,1937(8):1-5.

128. 论述:遗产税著述介绍[J]. 立信月报,1937(9):8.

129. 论述:遗产税著述介绍[J]. 出版周刊,1937(235):13.

130. 本所创办立信会计专科学校缘起[J]. 立信月报,1937(10):1-2.

131. 告立信会计补习学校全体同志书[J]. 立信月报,1937(10):20.

132. 附录:所得税原理及实务序[J].会计学报,1937,1(3):109-111.

133. 建造发电厂工程账之研究(附表)[J].电业季刊,1937,7(2):3-12.

134. 本所记略[J].立信月报,1937(6):1.

135. 所得税中之营业资本问题[J].绸缪月刊,1937,3(10):19-29.

136. 家庭预算的重要及方法[J].快乐家庭,1937,1(5):16-17.

137. 我国会计职业及会计学之进展[J].益友,1938,1(13):2.

138. 股份有限公司决算论(附表)[J].信托季刊,1938,3(1-2合刊):13-44.

139. 股份有限公司清算会计(连载)[J].银行周报,1938,22(5):1-6;1938,22(6):1-11;1938,22(7):1-8;1938,22(8):1-11;1938,22(9):1-9.

140. 会计从业人员应有的修养[J].益友,1939,2(4-5合刊):18.

141. 常用会计名词之改正及其说明[J].会计通讯,1939,1(6):5-10.

142. 常用会计名词之改正及其说明[J].公信会计月刊,1939,1(6):157-161.

143. 常用会计名词之改正及其说明[J].立信月报,1939,2(5):1-5.

144. 国立编译馆拟定经济学名词初审本中与会计有关名词之讨论[J].立信月报,1939,2(10):1-12.

145. 国立编译馆拟定经济学名词初审本中与会计有关名词之讨论[J].公信会计月刊,1939,2(6):203-211.

146. 国立编译馆拟定经济学名词初审本中与会计有关名词之讨论[J].服务,1940,3(5-6合刊):151-162.

147. 论"战争损失"之处理办法并答奚玉书会计师[J].立信月报,1939,2(4):5-10.

148. 对战事损失意见[J].金融导报,1939,1(2):83-84.

149. 所得税之报缴与爱国心之表现[J].立信月报,1939,2(4):1.

150. 我国会计学术之追溯[J].日用经济月刊,1939,1(10):289-290.

151. 职业青年的业余生活[J].益友,1939,3(2):5.

152. 资料:改订版各书内容提要[J].立信月报,1939,2(1):8-9.

153. 会计名称研究[J].商友,1939(1):3-7.

154. 复刊辞[J].立信月报,1939,2(1):1.

155. 我国会计学术与会计职业之回照与前瞻[J].银行周报,1939,23(5):5-9.

156. 我国会计学术与会计职业之回照与前瞻[J].立信会计月报,1941,1(3):20-23.

157. 我国会计学术与会计职业之回照与前瞻(连载)[J].正谊会计月刊,1940(创刊号):20-21;正谊会计月刊,1940,1(2):39;正谊会计月刊,1940,1(3):60-62.

158. 我国会计学术与会计职业之回照与前瞻[J].服务,1940,3(5-6合刊):51-56.

159. 我国会计学术与会计职业之回照与前瞻[J].立信会计季刊,1940(9):1-9.

160. 开发西南之新机运[J].1939,3(2):293.

161. 青年会宿舍六年来之收支概况[J].银钱界,1939,39(1):14-15.

162. 战时工商业办理决算问题:各业年终办理决算问题[J].商业月报,1939,19(1):3-6.

163. 会计名词之讨论[J].潘序伦,顾准.立信月报,1940,3(1):21-22.

164. 一年来会计事业与会计学术之回顾[J].公信会计月刊,1940,3(1):6-7.

165. 股份有限公司盈余转作股本问题之研究[J].立信月报,1940,3(2):7-9.

166. 立信会计补习学校简史[J].立信月报,1936(1):8-9;1940,3(8):1.

167. 编纂《立信会计丛书》之动机与经过[J].服务,1940,3(5-6合刊):1-2.

168. 会计人才之出路[J].上海周报,1940,1(12):355.

169. 我国会计学校与会计职业之回顾与前瞻[J].立信月报,1940,2(9).

170. 政府会计之组织及其种类[J].潘序伦,顾准,著.立信会计季刊,1940,2(10).

171. 我国新兴的会计职业——在重庆大学商学院演讲(梁矩章、高永康记录)[J].广大计政,1940,6(6):1-4.

172. 我国新兴的会计职业——在重庆大学商学院演讲(梁矩章、高永康记录)[J].立信会计月报,1941,1(创刊号):44-46.

173. 各企业亟应考虑之增资问题[J].立信月报,1940,3(2):1-2.

174. 本届决算后各企业应予考虑之增资问题[J].立信月报,1940,3(1):21-22.

175. 过分利得税税率问题——与《新闻报》记者谈话[J].立信月报,1940,3(3):4-5.

176. 敬告国内有志于会计职业之青年[J].立信月报,1940,3(7):7-8.

177. 为自习会计敬告职业界失学青年[J].立信月报,1940,3(11):6-9.

178. 华南工商界对于会计应有的认识——在香港青年会商科职业学校演讲[J].立信月报,1940,3(11):10-11.

179. 华南工商改良会计问题——在香港广播电台演讲[J].立信月报,1940,3(12):10-11.

180. 华南商业急速改进的一个征象[J].立信月报,1940,3(10):3.

181. 公库法实施后单位会计制度之改订问题[J].财政评论,1940,4(6):1-11.

182. 工商业决算问题专号序言[J].立信月报,1940,3(1):1.

183. 重庆《立信会计月报》发刊词[J].立信会计月报,1941,1(1):1.

184. 论述:介绍公信通用新式账表(连载)[J].立信月报,1941,3(5):17.

185. 论述:介绍公信通用新式账表(连载)[J].立信会计季刊,1940,3(5):172.

186. 会计学修习法(何怡祥记录整理)[J].立信月报,1941,4(3):10-12.

187. 我怎样会学成"会计"的(庞亿记录)[J].陆军经理杂志,1941,2(5):29-33.

188. 股份有限公司增减资本问题[J]立信会计月报,1941,1(3):24-35.

189. 股份有限公司之决算及盈余分配(何怡祥记录整理)[J].立信月报,1941,4(3).

190. 股份有限公司股利及分红之分配[J].立信会计月报,1941,1(4)36-46.

191. 中华民国三十年度结账程序述要[J]立信月报,1941,4(12):1-4.

192. 大学商学院及农法学院《会计学》教材纲要草案[J].立信会计月报,1941,1(6):34-38.

193. 论连环账谱(附表)[J].计学杂志,1941,1(1)3-8.

194. 论连环账谱(附表)[J].立信会计月报,1941,1(5):1-3.

195. 国立编译馆"会计学"之商榷[J].立信会计季刊,1941(13):1-16.

196. 对于现行所得税及过分利得税税率之意见[J].西南实业通讯,1941,3(1):3-4.

197. 对于现行所得税及过分利得税税率之意见[J].财政评论,1941,5(5)125-127.

198. 演讲:政策决算的利弊(徐杰伦记录整理)[J].立信会计月报,1941(5):39-40.

199. 工商业提存特别准备问题及其解决之经过[J].立信会计月报,1942,2(1):11-14.

200. 闲谈假账[J].会讯,1942(2):10.

201. 币值变动中几个困难的会计问题(上)[J].立信会计月报,1942,2(3):1-4.

202. 币值变动下工商业会计新发生制困难问题[J].工商管理,1942,2(1):2-5.

203. 营利事业投资于其他营利事业所获利得之纳税问题[J].立信会计月报,1942,2(2):1-2.

204. 营利事业投资于其他营利事业所获利得之纳税方法[J].立信会计月报,1942,2(4):7.

205. 币值动变与会计[J].经济新闻,1942(14):1-2.

206. 商业会计条例之拟定[J].立信会计月报,1942,2(2):26-31.

207. 经济讲座:当前工商业财产估价和损益计算问题[J].经济汇报,1942,6(8):35-42.

208. 星五聚餐会(第四次)演讲记录:工商业决算提存特别准备与纳税问题[J].西南实业通讯,1941,5(1):49.

209. 星五聚餐会(第十七次)演讲记录:潘序伦先生发表之意见[J].西南实业通讯,1941,5(4):45-46.

210. 星五聚餐会(第十八次)演讲记录:章乃器、潘序伦两先生领导讨论"工业资金与纳税问题"[J].西南实业通讯,1941,5(5):47-50.

211. 星五聚餐会(第十九次)演讲记录:继续讨论"工业资金问题"[J].西南实业通讯,1941,5(5):50-52.

212. 星五聚餐会(第二十六次)演讲记录:各会员对于工业资金问题之意见[J].西南实业通讯,1941,6(1):44.

213. 当今会计人员对于国家社会应尽之职责[J].会计知识,1943,2(1):1-3.

214. 我国会计学术与教育之回顾与前瞻[J].立信会计月报,1943,2(5):7-8.

215. 怎样做一个会计师[J].社会服务,1943(3):6.

216. 吾国会计师事业概况[J]. 财政学报,1943,1(6):99-101.

217. 吾国之会计师职业[J]. 立信会计月报,1943,2(5):5-6.

218. 星五聚餐会(第九十六次)演讲记录:资产增值问题[J]. 西南实业通讯,1943,8(6):25-26.

219. 对于改订直接税各项税率之刍见[J]. 西南实业通讯,1943,7(2):3-5.

220. 星五聚餐会(第一二七次)演讲记录:潘序伦意见[J]. 西南实业通讯,1944,10(1-2合刊):30.

221. 假账问题[J]. 文化先锋,1945,5(14):3-8.

222. 会计人员与"盐"[J]. 计人月刊,1945,2(2):5.

223. 怎样做一个成功商人?[J]. 时兆月报,1945,3(1):13-15.

224. 工业会计讲座(连载)[J]. 工业月刊,1945,2(1):35-37;1945,2(4):19-21;1945,2(5):23-25;1945,2(6):19-22;1945,2(7):35-38;1945,2(8):29-33.

225. 我国工商会计应有之改革[J]. 立信月刊,1947,6(10):4-5.

226. 我国工商会计应有之改革[J]. 工商经济,1947,1(4):3-4.

227. 会计学之新趋势(张戟记录整理)[J]. 立信月刊,1948,7(1):5-6.

228. 会计学之新趋势(张戟记录整理)[J]. 现实文摘,1948,1(11):16.

229. 会计学之新趋势(张戟记录整理)[J]. 工商经济,1948,2(2):2-4.

230. 会计学之新趋势(张戟记录整理)[N]. 金融日报,1948-1-30(3).

231. 改革币制后公私会计处理问题[J]. 现代会计,1948(12):49.

232. 星五聚餐会演讲记录:币制改革在上海[J]. 西南实业通讯,1948(冬季号):33-34.

233. 改革币制后会计顾问问题解答[J].现代会计,1948(13).

234. 存货计价论[J].立信会计季刊,1949,2(16):23-58.

235. "基圆"会计[J].立信会计季刊,1949,2(16):1-22.

236. 论收益之决定[J].立信会计季刊,1949,2(16):87-147.

237. 会计基本方程式和资产负债资本的意义[J].立信会计季刊,49,2(17):71-83.

238. 无形资产计价论[J].立信会计季刊,1949,2(17):107-150.

239. 成本与生产量及生产能量之关系及其计算方法[J].立信会计季刊,1949,2(17):235-266.

240. 潘序伦书寿王云五[N].香港大公报,1979-8-30.

241. 热烈庆祝国庆30周年[Z].1979-10-1.

242. 对马寅老生平的认识及点滴回忆[Z].1980-10.

243. 祝贺中国会计学会在成立会后第一年内所取得额巨大成就[Z].1980-10.

244. 开展人才会计的研究[N].文汇报,1980-12-19.

245. 开展人才会计的研究[J].武汉会计,1981(2):61.

246. 培养人才也要计成本[N].光明日报,1981-4-2.

247. 潘序伦.会计人员是经营管理的"参谋长"[M]//《潘序伦文集》编委会.潘序伦文集.上海:立信会计出版社,2008:1.

248. 立信会计在天津[N].天津日报,1982-10-24.

249. 史学园地里的一朵新葩——读中国会计史稿(上册)后[J].上海会计,1982(11):45-46.

250. 关于当前会计工作的四点建设性意见——在上海市会计学会第三次年会上讲

话[J].上海会计,1982(6).

251. 一个会计学家的自述[J].青年一代,1983(1):14.

252. 一个会计学家的自述[J].人物,1983(5):111.

253. 谈谈会计人员的职业道德[J].与丁苏民合著.财务与会计,1983(4):5-6.

254. 创业散记[J].人物,1983(6):65.

255. 加强农业会计研究,做好农业会计工作[J].农业会计研究 1983.1(创刊号).

256. 求学经过的自述[J].商业会计,1983(9).

257. 立信会计在重庆[J].重庆财会,1984(6).

258. 紧跟形势要求,提高财会人员素质[J].武汉财会,1984(1):4-6.

259. 向《广东财会》编辑部致祝愿——岭南会计学界同仁和我们上海同仁共同策励前进[J].广东财会,1984(1):扉页.

260. 新技术革命向会计界提出的问题[N].解放日报,1984-3-21.

261. 潘序伦回忆录(连载)[J].财务与会计,1984(1-12).

262. 认真贯彻《会计法》,开创会计工作新局面[J].立信会计选辑,1985(第3辑).

263. 搞活经济和会计立法[N].解放日报,1985-4-24.

264. 搞活经济和会计立法[J].上海会计,1985(6):47.

265. 搞活经济和会计立法[J].广西会计,1985(5):3.

266. 搞活经济和会计立法[J].财会通讯,1985(11):67.

267. 祝贺与希望[J].安徽财会,1985(8)1.

268. 在世界第四次工业革命浪潮的推动下我们会计应该怎么办——上海市会计学会第五次年会上的讲话[Z].1984:3.